이재호 교수와 함께하는

CSI 창의융합코딩

Creative STEAM Investigation

Advanced Course 고급 과정

SW 코딩 교육의 핵심은 '사고력 계발'이다. 이 목표를 달성하기 위해서는 '생각하는 SW 코딩'을 할 수 있도록 지원해야 한다. 사람들은 이것이 가능한 방법 중 하나가 '언플러그드(unplugged) 교육' 이라고 생각한다. 본 교재의 가장 큰 특징 중 하나는 SW 코딩 교육에 참여하는 학생들에게 '언플러그드 교육' 소재를 제공함으로써, '코딩에 대하여 생각할 수 있는 충분한 시간'을 갖도록 한다는 것이다.

이재호, 김강현, 김태훈, 박재일, 백승욱, 유경일, 장준형, 하희정, (사)한국창의정보문화학회

도서출판 정일

이재호 교수와 함께하는

CSI 창의융합코딩(고급과정)

1판1쇄 발행 2018년 7월 10일

저자 이재호, 김강현, 김태훈, 박재일, 백승욱, 유경일, 장준형, 하희정
삽화 강성민
디자인 김정아

발행인 이 병 덕

발행처 도서출판 정일
등록날짜 1989년 8월 25일
등록번호 제 3-261호

주소 경기도 파주시 한빛로 11, 309-1704
전화 031)946-9152(대)
팩스 031)946-9153

isbn 978-89-5666-262-6(03000)

※ 이 도서의 국립중앙도서관 출판예정도서목록(CIP)은 서지정보유통지원시스템 홈페이지(http://seoji.nl.go.kr)와 국가자료공동목록시스템(http://www.nl.go.kr/kolisnet)에서 이용하실 수 있습니다.(CIP제어번호: CIP2018013804)

창조적 사고력 계발을 위한 SW 코딩 탐험 시리즈를 시작하면서...

SW 코딩 교육의 핵심은 '사고력 계발'이다.

SW 코딩 교육의 핵심적인 목표는 '사고력 계발'이고, 사람들은 그것이 '컴퓨팅 사고력(CT : Computational Thinking)의 계발'이라고 생각한다. 그렇다면 현재의 SW 코딩 교육은 학생들의 '컴퓨팅 사고력'을 충분히 계발시킬 수 있는 방향으로 진행되고 있는가? 물론 그렇지 못하다는 것을 우리는 잘 알고 있다. '사고력 계발'이라는 핵심 목표를 달성하기에는 현재 우리의 SW 코딩 교육은 '2% 부족한 상태'다.

'2% 부족한 것'은 무엇인가?

SW 코딩 교육의 핵심적인 목표 달성을 방해하는 '2% 부족한 것'은 무엇인가? SW 코딩 교육을 통하여 '컴퓨팅 사고력'을 계발하기 위해서는 학생들에게 '코딩에 대하여 생각하는 시간'을 충분히 제공해야 한다. 그러나 현재의 SW 코딩 교육은 이러한 기회를 제공하지 못하고 있다. 대부분의 SW 코딩 교육에서는 한정된 시간 안에 한 권의 책으로 거창한 목표를 달성하기 위하여 많은 양의 지식을 제공하는 형식에 치중하고 있는 실정이다. 사정이 이러하다 보니 '코딩에 대하여 생각하는 시간'을 갖는 것은 학생의 입장에서는 사치스러운 것일 수밖에 없는 실정이다. 이와 같이 현재 진행되고 있는 '2% 부족한 SW코딩 교육'을 '100% 완벽한 SW 코딩 교육'으로 변화시켜나가는 노력이 필요한 시점이다. SW 코딩 교육을 올바른 방향으로 인도할 수 있는 방법은 무엇인가?

'생각하는 SW 코딩 교육'이 필요하다.

어떻게 하면 현재 SW 코딩 교육의 '2% 부족한 것'을 보완할 수 있는가? SW 코딩에 참여하는 학생들이 '생각하는 SW 코딩'을 할 수 있도록 지원하는 것이다. 학생들 스스로 '생각의 시간'을 가져야 '사고력 계발의 시간'이 생기게 된다. 사람들은 이것이 가능한 방법 중 하나가 '언플러그드(unplugged) 교육'이라고 생각한다. 본 교재의 가장 큰 특징 중 하나는 SW 코딩 교육에 참여하는 학생들에게 '언플러그드 교육' 소재를 충분히 제공함으로써, '코딩에 대하여 생각할 수 있는 충분한 시간'을 갖도록 한다는 것이다. SW 코딩을 처음 시작하는 어린 학생들에게 '먼저 생각하고 실행하는 SW 코딩'이 습관화될 수 있도록 지원하는 것이 목표이다.

'재미있는 SW 코딩 교육'이 필요하다.

SW 코딩 교육은 재미있어야 한다. 특히 SW 코딩이 어렵다고 생각하거나 SW 코딩을 처음 시작하는 학습자들을 위한 SW 코딩 교육은 더더욱 그러하다. SW 코딩 교육을 시작하였으나 재미가 없어서 SW 코딩에 대한 흥미를 잃어버리고 포기하는 학생들이 나와서는 안 된다. SW 코딩을 배우고 싶으나 어렵다는 생각에 두려워서 쉽게 SW 코딩을 시작하지 못하는 학생들도 한번 참여하면 끝까지 SW 코딩에 대한 교육을 마칠 수 있도록 지원해야 한다. 이러한 목표를 달성할 수 있는 SW 코딩 교육 프로그램과 이를 뒷받침해 줄 수 있는 SW 코딩 교육 교재가 필요한 상황이다. 학생들이 흥미를 가지고 SW 코딩에 몰입할 수 있는 교육 교재가 필요하다. 본 교재는 학생들이 교육을 시작하면서부터 흥미를 가지고 처음부터 끝까지 집중하여 참여할 수 있도록 재미있게 구성하였다.

'실용적인 SW 코딩 교육'이 필요하다.

SW 코딩의 본질은 '실용성'이다. 그렇기 때문에 SW 코딩 교육의 주제는 '실용적'이어야 한다. 결과적으로 SW 코딩 교육의 주제는 현실세계의 문제를 해결해 나가는 것이어야 한다. '주제 따로 현실세계 따로'인 경우에는 교육 효과를 기대하기 어렵다. 특히, "SW 코딩을 배워서 어디에 써먹을 수가 있지?", "우리 아이의 대학 입학에 어떤 도움이 되지?"라고 의심에 찬 눈으로 SW 코딩 교육에 대한 부정적인 시각을 견지하고 있는 학부모들을 설득할 수 있는 SW 코딩 교육 프로그램과 SW 코딩 교육 교재가 필요한 상황이다. SW 코딩을 시작하는 학생들에게 실제적으로 도움이 되는 교육 교재가 필요하다. 본 교재의 주제와 내용은 '실용적'이다. 현실세계의 내용이면서 학생들이 학교생활을 하는데 도움이 될 수 있는 주제들과 내용으로 구성하였다.

'융합적인 SW 코딩 교육'이 필요하다.

SW 코딩 교육의 주제가 '실용적'이기 위해서는 그 내용이 '융합적'이어야 한다. 융합(STEAM) 교육은 시대적인 요구사항이기도 하다. 본 교재를 이용하여 SW 코딩 교육에 참여하는 학생들은 자연스럽게 융합적인 사고력 역량이 배양됨으로써, 미래형 융합인재로 성장할 수 있을 것이다.

'수준별 SW 코딩 교육'이 필요하다.

현재 SW 코딩과 관련된 교재는 수 없이 많다. 그러나 안타깝게도 대부분의 SW 코딩 교육 교재는 단발성 교재이다. 그 중에는 초보자용도 있으며 고급자용도 존재한다. 그러나 일관적이고 체계적인 계획 하에 학생들의 수준을 고려한 시리즈형의 SW 코딩 교육 교재는 찾아보기 어렵다. 이러한 문제점을 극복하기 위하여 본 교재는 총 4단계의 과정으로 구성하고, 이를 시리즈 형식으로 출간할 계획이며, 그 내용은 다음과 같다.

1단계 : Beginner Course[**초급 과정**] SW 코딩을 처음 접하는 학생들을 위한 교육 과정
2단계 : Standard Course[**표준 과정**] 평균 수준의 SW 코딩을 할 수 있는 학생들을 위한 교육 과정
3단계 : Advanced Course[**고급 과정**] 고급스러운 SW 코딩을 할 수 있는 학생들을 위한 교육 과정
4단계 : Challenge Course[**도전 과정**] 도전적인 과제 해결을 위하여 창의적인 SW 코딩을 할 수 있는 학생들을 위한 교육 과정

본 교재는 이상과 같은 4단계 과정 중 두 번째 과정에 해당하는 Standard Course(표준 과정) 교재다. 제4차 산업혁명 시대의 「지능정보 핵심인재」 양성을 위한 SW 코딩 입문서이다.

본 교재는 (사)한국창의정보문화학회(http://www.3c.or.kr)의 '창의메이커교육연구회'에 소속된 현직 초등학교 교사 회원들의 작품이다. 작품 구상은 2017년 여름에 시작하였으며, 초고 집필 후에 학교 현장에서의 적용과 학생들의 반응들을 종합하는 과정을 거쳤기 때문에 이제야 출간하게 되었다. 시작이 반이다. 처음으로 SW 코딩을 접한 학생들도 걱정할 필요가 없다. SW 코딩 교육을 통하여 학생들은 자연스럽게 문제해결력과 창의성을 배양하여 제4차 산업혁명 시대의 「지능정보 핵심인재」로 커나갈 것이다. 본 교재가 학생들의 '컴퓨팅 사고력' 계발에 도움이 되기를 기대한다. 그리고 다음 단계의 교육 과정도 곧 출간할 것을 약속하면서, 독자 여러분들의 지속적인 관심과 성원을 기대한다.

2018년 4월

대표저자 **이 재 호**
((사)한국창의정보문화학회 회장, 경인교육대학교 컴퓨터교육과 교수)

이 책의 구성 및 활용방법

이 책은 스크래치를 이용하여 처음으로 SW 코딩을 시작하는 학생들을 위한 것이다. 이러한 학생들뿐만 아니라 스크래치를 배운 경험이 있는 학생들도 교재 없이 SW 코딩을 하지 못한다면, 이 책으로 다시 시작하기를 권고한다. 본 교재를 마스터하고 나면 스스로 SW 코딩하는 역량을 갖출 수 있을 것이다.

이 책은 0단원부터 5단원까지 총 6개의 단원으로 구성하였다.

이를 위하여 0단원부터 5단원까지 총 6개의 단원으로 구성하였다. 0단원은 스크래치를 처음 접하는 학생들을 위한 것이고, 만약 스크래치를 사용해본 경험이 있거나 스크래치 프로그램을 설치한 경험이 있다면 넘어가도 될 것이다.

6개의 단원은 '선택' 교육 단원과 '필수' 교육 단원으로 구성하였다.

1단원과 5단원은 '선택' 교육 단원이고, 2단원부터 4단원까지의 3개 단원은 '필수' 교육 단원이다. '선택' 교육 단원은 학생들의 SW 코딩 수준에 따라 선택적으로 교육이 진행될 수 있는 단원이고, '필수' 교육 단원은 학생들의 SW 코딩 교육 수준과는 상관없이 필수적으로 교육이 진행되어야 하는 단원이다.

각 단원은 3개의 '활동'으로 구성하였다.

1단원부터 5단원까지는 각각 3개의 '활동'으로 구성되어 있으며, 각 '활동'은 1주일 학습 분량으로 구성되었다. 결과적으로 이 책은 총 15주 분량의 교육 내용을 포함하고 있다.

이 책은 12주 만에 마스터할 수 있도록 구성하였다.

그러나 '선택'과 '필수' 교육 단원의 철학을 이해한다면, 12주 만에 이 책을 마스터할 수 있을 것이다. 정말 초보자들을 위한 교육이라면 1단원부터 철저하게 교육을 시작하고 5단원 내용은 스스로 학습 내용으로 남겨두면 될 것이고, 초보자이긴 하나 약간의 기초 지식을 가진 학생들을 위한 교육이라면 1단원은 빠르게 진행 한 후 5단원의 내용까지 마무리하면 될 것이다.

이 책의 내용은 다음과 같은 순서로 구성되었다.

이 책은 이야기 만화로 시작한다.

이 책은 모든 단원의 도입부에 간단한 만화를 제시하여 단원에서 배울 내용의 핵심적인 부분을 쉽게 알 수 있도록 구성하였다.

PREVIEW

'Preview'는 단원별 전체적인 '활동' 내용을 한눈에 파악할 수 있도록 구성하였다. 'Preview'를 통하여 학생들은 학습계획을 세우고 주요 활동을 확인할 수 있다.

활동 목표

모든 '활동' 별로는 '활동 목표'가 명시되어 있으며, '활동'을 마치면 학생들이 성취할 수 있는 내용들을 제시하고 있다. '활동 목표' 아래에 제시된 '생각하나', '생각두울'은 본격적으로 '활동'에 참여하기 전에 학생들이 자신의 생각을 그림이나 글로 표현하는 '몸 풀기' 과정으로 이해하면 된다.

코딩 익히기

'코딩 익히기' 과정은 한 단계씩 코딩을 배우고 익히는 과정으로 학생들은 선생님의 도움 없이 스스로 익힐 수 있도록 자세히 안내되어 있다. '코딩 익히기' 과정을 통해 기본적인 SW 코딩을 자유자재로 해낼 수 있을 것이다.

놀이 배우기

언플러그드 학습 형태로 진행되는 '놀이 배우기' 과정은 학생들이 다양한 놀이를 통해 SW 코딩과 관련된 사고력을 증진시킬 수 있도록 구성하였다. '놀이 배우기' 과정을 통하여 학생들은 친구들과 협력하면서 때로는 경쟁하면서 자연스럽게 컴퓨팅 사고력을 증진시킬 수 있을 것이다.

창작하기

'창작하기' 과정은 '코딩 익히기' 과정을 통해 배운 내용을 바탕으로 학생들은 창의적인 생각을 통해 자신만의 SW 코딩 작품을 만들 수 있도록 구성하였다.

컴퓨팅 사고력 역량 쑥쑥!!

'컴퓨팅 사고력' 과정은 단원별로 모든 '활동'에 참여한 학생들의 컴퓨팅 사고력 역량을 평가하기 위하여 구성하였다. 만약 학생들이 생각하기에 잘 모르는 부분이나 부족한 부분이 있다면 '코딩하기' 과정의 반복학습을 통하여 익힐 수 있으며, 'CT 역량 평가'를 통해 학생들 스스로 컴퓨팅 사고력 역량에 대한 평가를 할 수 있다.

이 책의 차례

0 단원

표준 과정 돌아보기

표준 과정의 내용을 요약하여 살펴볼 수 있다.

교수님, 어떻게 하죠?
지성아 무슨 일이니?
그동안 배운 내용을 복습 하지 않았더니 그새 다 까먹었어요. ㅠㅠ
1 2 3 4 ..
그럼 다시 한번 떠올려 보자^^
네!!

코딩 익히기 | 기사문 코딩하기

1 기자 스프라이트를 코딩해요(1).

- 첫 화면에서 기사 내용에 대한 간단한 설명을 해요.
- 반투명 효과를 사용하여 스프라이트가 자연스럽게 사라지도록 해보세요.
- 각 나라의 지도를 불러와서 화면을 바꾸기 위해 방송하기를 해요.

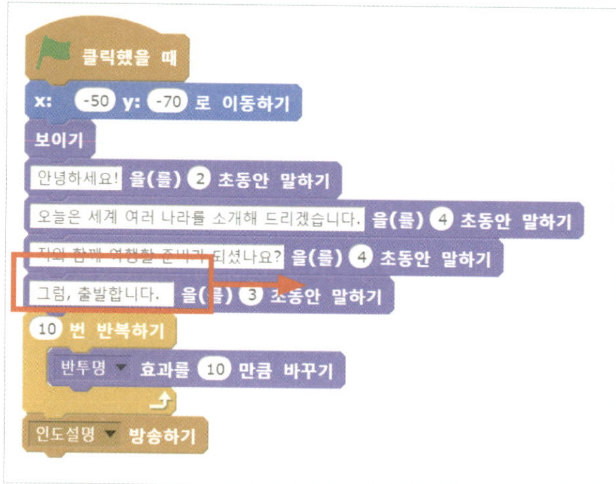

2 기자 스프라이트를 코딩해요(2).

'묻고 기다리기' 명령어와 '변수를 ~로 정하기' 명령어를 사용하여 각 변수에 적절한 답이 들어가도록 코딩하세요.

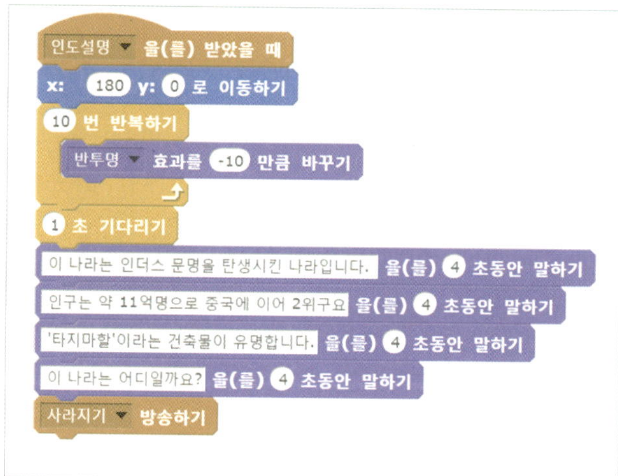

3 지도 바꾸기를 코딩해요.

각 나라에 대한 방송에 따라 지도가 바뀌도록 코딩해요(미리 지도 이름을 잘 정리해 놓으면 편해요).

4 변수를 만들어요.

기사문과 표에서 정리한 내용을 참고하여 스크래치의 변수를 만들어요.

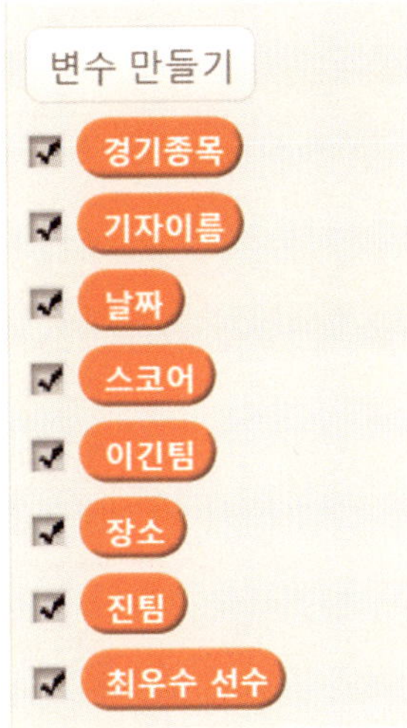

5 '묻고 기다리기' 명령어를 사용해 보세요.

'묻고 기다리기' 명령어와 '변수를 ~로 정하기' 명령어를 사용하여 각 변수에 적절한 답이 들어가도록 코딩하세요.

6 기사문을 만드세요.

'~말하기', '~와 ~결합하기', '변수'를 결합하여 기사의 문장을 만드세요.

코딩 익히기 백설공주 이야기 코딩하기

1 왕비 스프라이트를 코딩해요(1).

소리를 재생하고 원하는 위치로 이동시키세요.

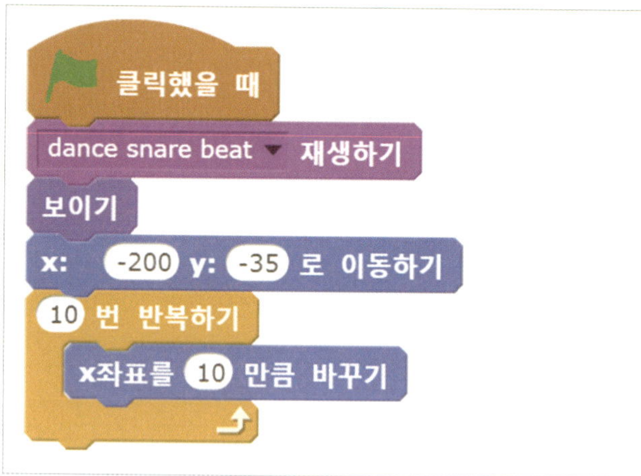

2 왕비 스프라이트를 코딩해요(2).

말하기 명령어를 사용하여 대사를 추가하고 끝난 후 방송하기 명령어를 사용해요.

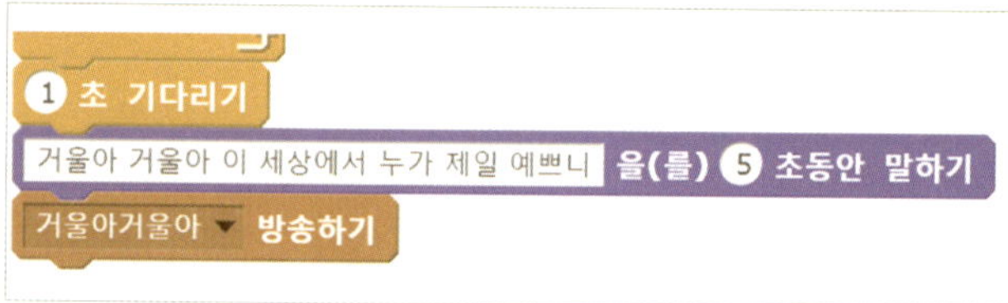

3 거울 스프라이트를 코딩해요(1).

'~말하기', '~와 ~결합하기', '변수'를 결합하여 기사의 문장을 만드세요.

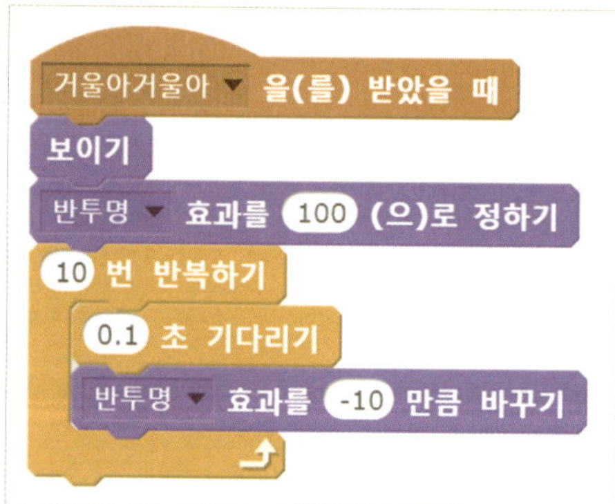

4 거울 스프라이트를 코딩해요(2).

소리를 재생하고 원하는 위치로 이동시키세요.

5 백설공주 스프라이트를 코딩해요.

소리를 재생하고 반투명 효과를 사용하여 인물이 자연스럽게 등장하도록 해보세요.

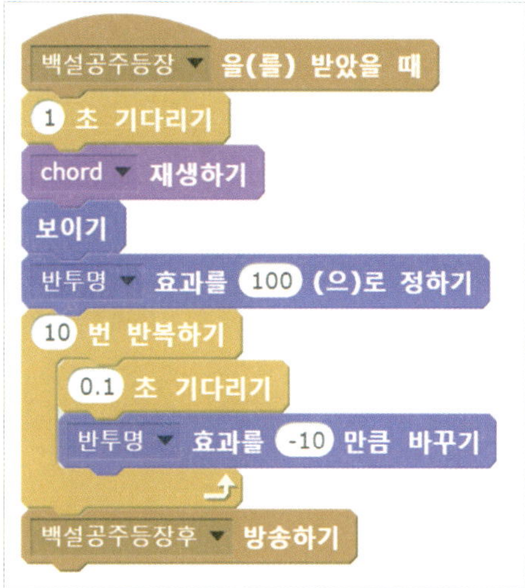

6 왕비 스프라이트를 코딩해요.

→ 방송하기를 받았을 때 명령어를 사용하여 대사를 추가해요.

→ 여러분이 추가하고 싶은 대사를 말하기 명령어와 방송하기 명령어를 사용하여 넣어보세요.

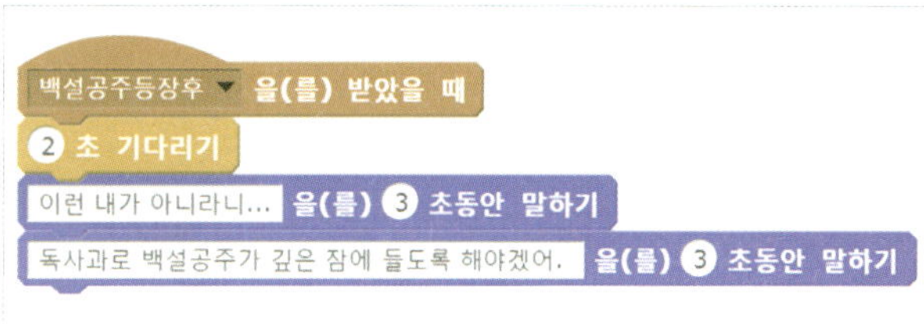

코딩 익히기

숫자 게임 코딩하기

1 난수를 이용해요.

- 2개의 변수는 1부터 9까지의 값만 가집니다. 퀴즈를 내기 위해서 난수를 이용합니다. 변수에는 1에서 9사이에 있는 수 중 하나를 저장하세요.
- 〈결합하기〉 명령어를 이용해서 구구단 퀴즈를 냅니다.
- 정답 변수를 만들고 여기에 정답을 저장합니다. 첫 번째 숫자와 두 번째 숫자를 곱한 값을 저장하세요.

2 정답을 확인해요.

〈만약~아니면〉 명령어를 이용해서 정답을 확인하세요. 만약 대답한 값이 정답과 같으면 '정답입니다.' 라고 말하고 그렇지 않으면 '틀렸습니다.' 라고 말해요. 〈기다리기〉 명령어를 사용해야 한다는 것을 꼭 기억해주세요.

3 점수와 효과음을 만들어요.

- 구구단 게임을 맞추면 점수가 올라가고 소리가 나게 하세요. 마찬가지로 틀렸을 때도 소리가 나게 하세요.
- '점수' 변수를 만들고 시작할 때 0으로 정합니다. 그리고 정답을 맞출 때마다 50점씩 더해주세요.

4 공이 문제내도록 코딩해요.

→ 문제를 나눠서 생각하면 보다 쉽게 문제를 해결할 수 있습니다.

→ 공이 떨어지는 것과 구구단 문제를 내는 것을 나눠서 코딩하겠습니다.

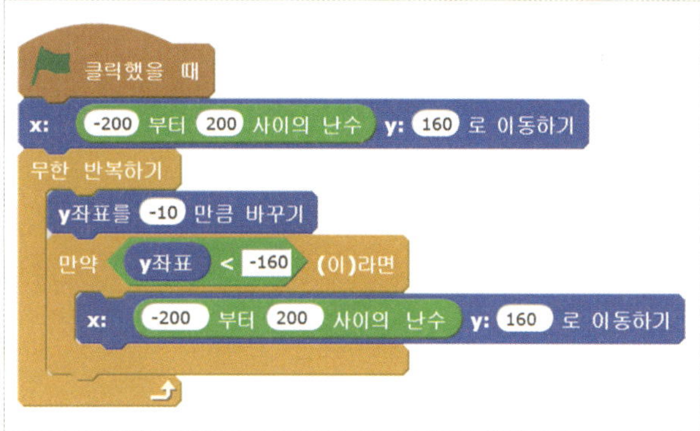

5 〈묻고 기다리기〉 명령어를 사용해요.

→ 오른쪽과 같이 코딩하면 정답을 맞췄을 때 '문제 바꾸기'를 1로 바꿉니다. 틀렸을 때는 0으로 바꿉니다.

→ 〈묻고 기다리기〉 명령어에 아무것도 넣지 않는 것이 중요합니다.

코딩 익히기　퀴즈 메이킹 코딩하기

1 시작 화면을 만들어 보세요.

스프라이트에 시작 대사(지금부터 스피드 퀴즈를 시작하겠습니다)를 넣고 배경음악을 넣습니다.

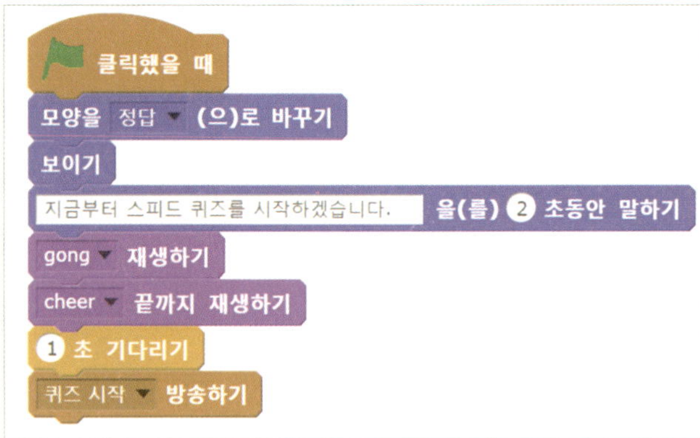

2 조건문을 작성해 보세요.

- 제어 스크립트 만약 조건문을 활용해 '대답=상' 일 경우 문제를 제시하고 대답이 맞을 경우와 틀릴 경우를 정합니다. 각각의 경우에 알맞은 음악을 재생하고 자막도 넣습니다(맞았습니다^^/틀렸습니다...).
- 모양을 정답, 오답으로 바꾸는 이유는 무엇일까요?

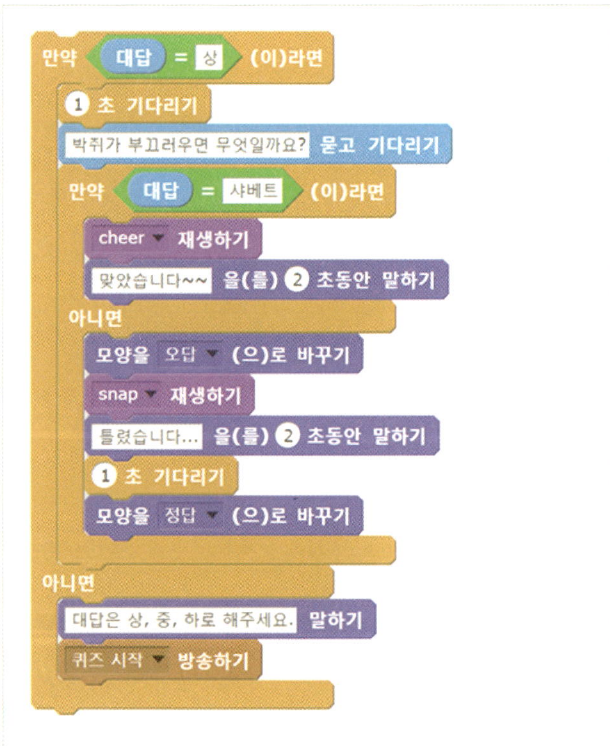

3 '대답=중'일 경우의 조건문을 만들어 보세요.

제어 스크립트에서 '대답=중' 일 경우를 설정합니다. 대답이 맞을 경우와 틀릴 경우 각각의 경우에 알맞은 음악을 재생하고 자막도 넣습니다('대답=상' 의 경우와 동일하게 설정).

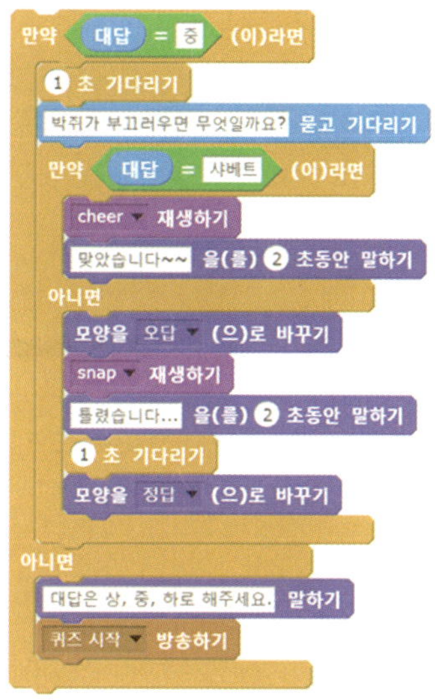

4 '대답=하'일 경우의 조건문을 만들어 보세요.

제어 스크립트에서 '대답=하' 일 경우를 설정합니다. 대답이 맞을 경우와 틀릴 경우 각각의 경우에 알맞은 음악을 재생하고 자막도 넣습니다(대답=상, 중의 경우와 동일하게 설정).

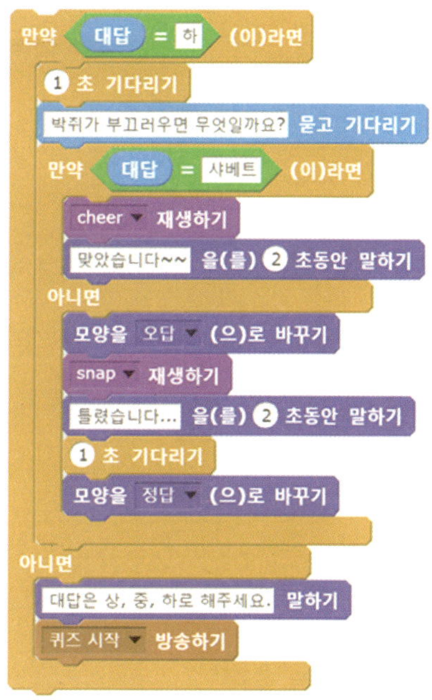

5 진행 여부를 묻는 스크립트를 넣어 보세요.

퀴즈 문제를 풀고 나서 계속할건지 여부를 설정하기 위해 관찰과 제어 스크립트를 활용해서 조건문을 넣습니다. 적절한 음악 효과도 함께 넣어 주세요.

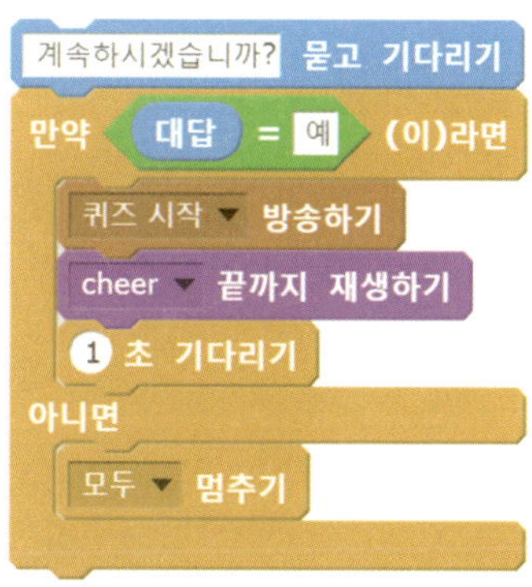

고전 게임 코딩하기

1 핑퐁 게임에 필요한 스프라이트를 생각해 보세요.

❶ 1인용 막대(바)
❷ 2인용 막대(바)
❸ 공
❹ 1인용 아웃선
❺ 2인용 아웃선

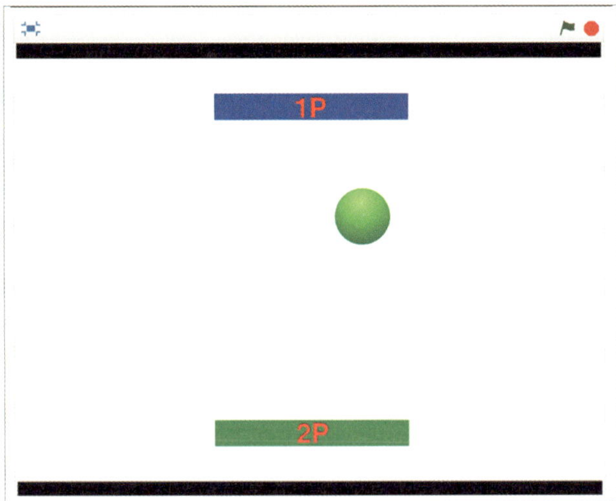

2 바를 움직여 보세요.

→ 화살표를 눌렀을 때 움직일 수 있도록 벽돌 깨기 게임에서 바를 만들 때와 같이 스크립트를 만들어주세요.

→ 오른쪽 화살표 키에 움직이도록 만들고 스크립트를 복사하여 왼쪽 화살표에 반대편으로 움직일 수 있도록 만들어 주세요.

3 2인용 막대(바)를 만들어 보세요.

→ 1인용 바를 만든 것처럼 2인용 바도 만들어 주세요.

→ 바 스프라이트를 그려서 이름을 「바2」로 바꾸고 움직일 수 있도록 스크립트를 만들어 주세요.

→ 시작할 때 위치를 정해주고 화살표 대신에 D 키와 A 키로 오른쪽 / 왼쪽 움직일 수 있도록 만들어 주세요.

2인용 바 스프라이트

4 공을 움직이게 만들어주세요.

- 공이 스페이스 키를 눌렀을 때 움직이게 만들어 주세요.
- 초기 위치 값을 정하고 게임오버 시 숨기게한 모양을 다시 시작하면 보이도록 해주세요.
- 공이 시작할 때 불규칙한 방향으로 나가도록 난수로 방향을 정해주세요.
- 공이 움직이며 벽에 닿으면 튕겨지는 명령이 계속 반복 되도록 해주세요.

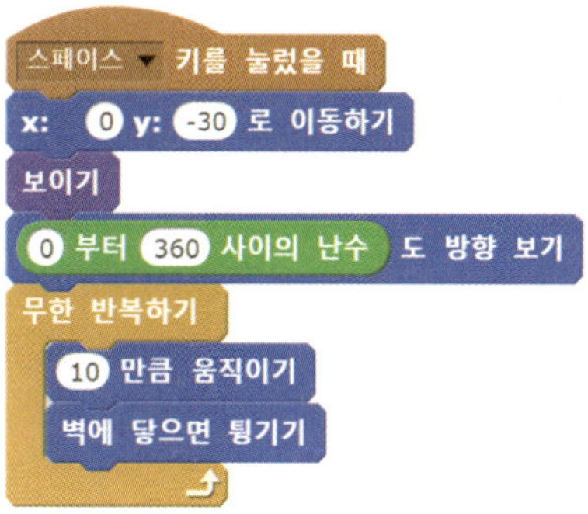

5 1인용 바에 공이 튕기도록 해주세요.

바에 닿으면 반대 방향으로 튕겨지도록 스크립트를 추가해 주세요. 공이 항상 똑같이 움직이면 재미가 없으니 방향이 조금씩 달라지도록 난수도 넣어주세요.

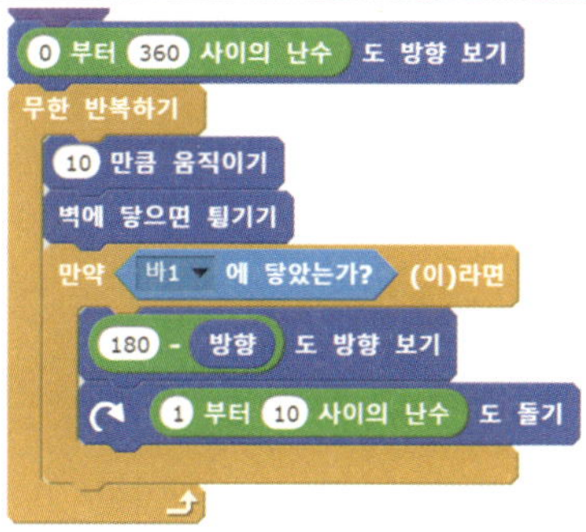

6 2인용 바에도 공이 튕기도록 해주세요.

- 2인용 바에도 닿으면 반대 방향으로 튕겨지도록 스크립트를 복사하여 추가해 주세요.
- 관찰 블록에서 닿는 대상을 「바2」로 바꿔주세요.

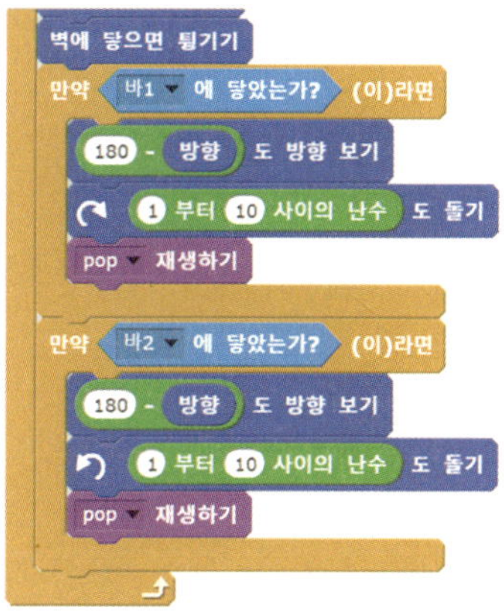

1 단원

업다운 게임

· 난수를 이해하고 간단한 업다운 게임을 만들 수 있다.
· 업그레이드 업다운 게임을 통해 알고리즘 변화를 파악할 수 있다.
· 리스트 개념을 알고 업그레이드 업다운 게임에 적용할 수 있다.

이번 단원에 배울 컴퓨팅 사고력은?

이번 단원에서 핵심적으로 공부할 컴퓨팅 사고력은 '시뮬레이션 사고력'입니다. '시뮬레이션'이란 복잡한 문제와 현상 등을 실제와 비슷하게 만들어 문제의 특징을 파악하는 것입니다. 이번 단원에서는 스크래치로 업다운 게임을 만드는 과정을 통해 '시뮬레이션' 사고력을 키워보도록 하겠습니다.

PREVIEW 업다운 게임

활동 ①

업다운 게임

업다운 게임을 알아보고 스크래치로 만들어요.

활동 ②

업그레이드 업다운 게임

새로운 규칙을 적용해서 업다운 게임을 해보고 원리를 이해해요.

게임	1~9	10~99	100~999
	시도한 횟수	시도한 횟수	시도한 횟수
1			
2			
3			

활동 ③

업그레이드 업다운 게임 만들기

리스트를 이용해서 업그레이드 업다운 게임을 만들어요.

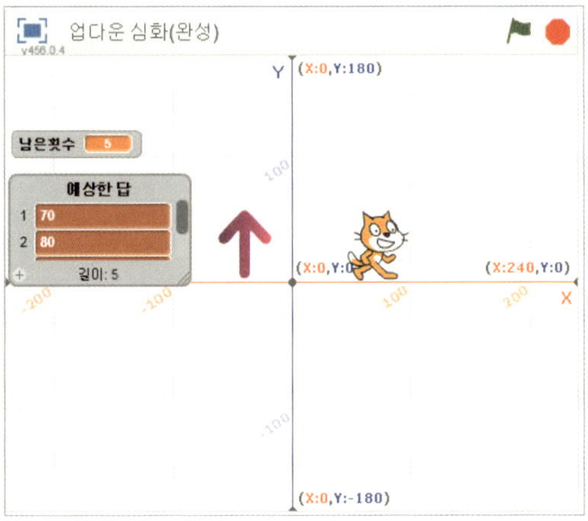

활동 1. 업다운 게임(기초)

활동 목표 난수를 이해하고 간단한 업다운 게임을 만들 수 있다.

생각하나

업다운 게임을 알고 있나요? 아래의 게임 방법을 참고하여 친구들과 업다운 게임을 해봅시다.

업다운 게임 방법

① 두 명이서 가위바위보로 공격과 수비를 정합니다.
② 수비자는 1~50 사이의 숫자 중 하나를 생각합니다(정답).
③ 공격자 수비자가 생각한 숫자를 예상하여 외칩니다(예상수).
④ 수비자는 공격자의 정답과 예상수를 비교합니다.
⑤ 2분간 공격할 수 있고 2분이 지나면 공격과 수비를 바꿉니다(이때 하키 채도 바꿉니다).

코딩 익히기

업다운 게임 만들기

1 게임의 규칙을 정리해요.

코딩을 시작하기 전에 업다운 게임의 규칙을 정리해 보세요.

1. 출제자는 1~100 사이의 정답을 하나 생각한다.
2. 맞추는 사람은 정답을 예상하여 하나의 예상수를 말한다.
3. 출제자는 예상수와 자신이 생각한 정답수를 비교하여 예상수가 정답보다 크면 다운을, 예상수가 정답보다 작으면 업이라고 말한다.
4. 정답을 맞출때까지 1~3번을 반복한다.

2 변수를 만들어요.

→ '정답' 이라는 변수를 만드세요.
→ '난수' 를 사용하여 1~100까지의 수 중 하나가 자동으로 선택되도록 하세요.

3 정답을 물어봐요.

1~100까지의 숫자에서 정답을 쓸 수 있도록 묻고 기다리기 명령어를 가져오세요.

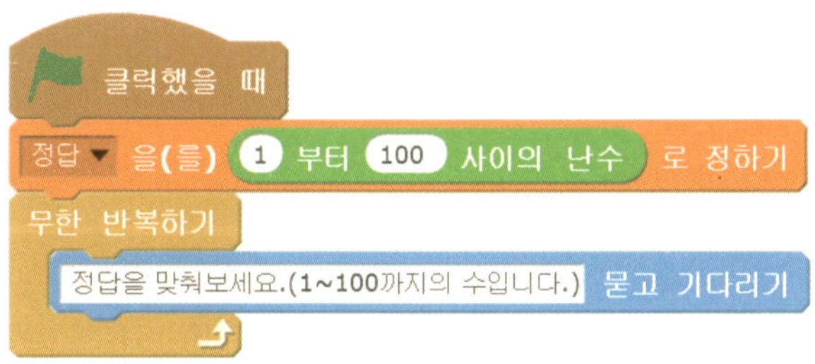

4 정답을 확인해요(1).

만약 맞추는 사람이 정답을 입력한다면 '정답입니다!' 를 말하고 게임이 끝나도록 하세요.

5 정답을 확인해요(2).

만약 대답이 정답보다 작다면 'UP!' 을 말하고, 방송하기 명령어를 사용해보세요.

6 정답을 확인해요(3).

만약 대답이 정답보다 크다면 'DOWN!' 을 말하고, 방송하기 명령어를 사용해보세요.

7 스프라이트를 추가해요.

새로운 스프라이트를 추가하여 UP과 DOWN에 맞는 이미지를 만들어 보세요.

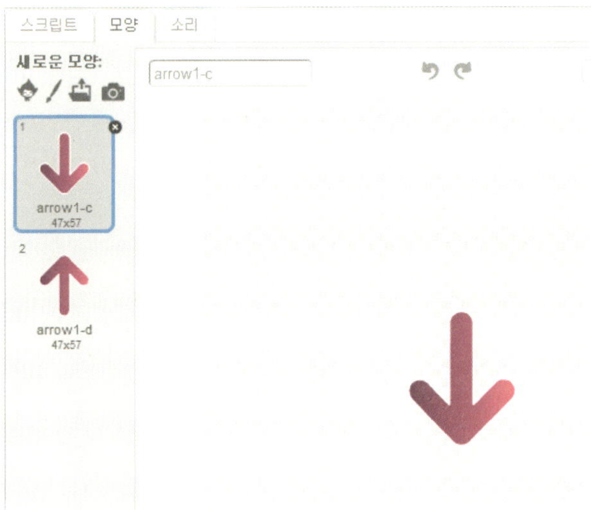

8 스프라이트의 모양을 바꿔요.

UP, DOWN 방송하기를 받았을 때에 적절한 모양으로 바뀌도록 코딩해보세요.

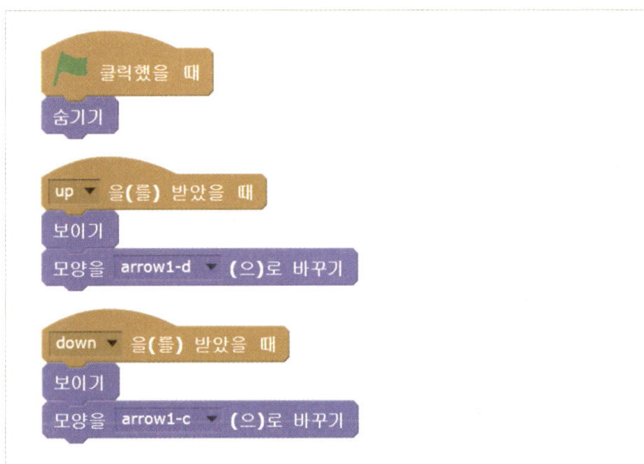

창작하기

새로운 업다운 게임 만들기

업다운 게임의 규칙을 변형하여 새로운 업다운 게임을 만들어 보세요. 자기가 만든 규칙을 정리하세요.

친구들과 이야기하며 규칙을 정하고 업다운 게임을 해보세요. 내가 만든 규칙에서 변경된 것을 정리하세요.

컴퓨팅 사고력 역량 쑥쑥!!

문항 1

'만약 ~(이)라면' 을 사용한 왼쪽의 코딩 내용을 오른쪽의 '만약 ~(이)라면, 아니면' 명령 블록을 사용하여 바꾸려고 합니다. 빈 칸에 알맞은 내용을 넣으세요.

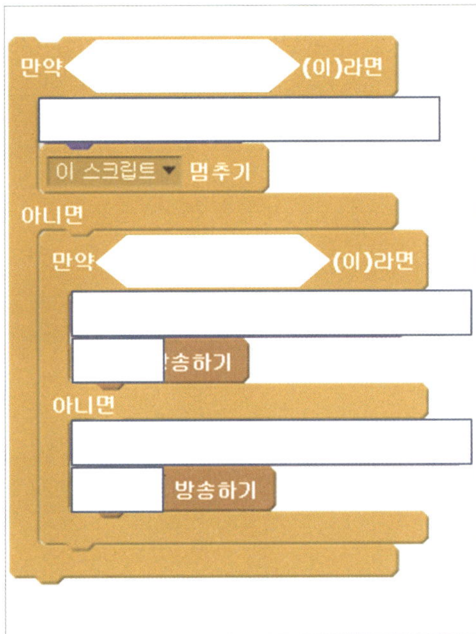

위 두 방법의 차이점을 아래 빈 칸에 적어보세요.

CT 역량평가

순서를 구분하여 생각하고 코딩하였는가? (문제분해)	☆ ☆ ☆ ☆ ☆
오류가 없도록 명령 블록을 연결하였나요? (알고리즘)	☆ ☆ ☆ ☆ ☆
게임을 스크래치로 자연스럽게 코딩하였나요? (시뮬레이션)	☆ ☆ ☆ ☆ ☆

활동 2. 변형 업다운 게임하기

활동 목표 규칙이 변형된 업다운 게임을 할 수 있다.

생각하나

여러분이 해보았던 업다운 게임의 규칙을 적어보세요.

생각두울

업다운 게임에서 시도한 횟수를 줄이기 위해서는 어떻게 하면 좋을지 적어보세요.

활동 하기

변형 업다운 게임하기

1 업다운 게임을 해요.

친구들과 업다운 게임을 해보고 정답을 맞히기 위해 시도한 횟수를 정리하세요.

게임	1~9	10~99	100~999
	시도한 횟수	시도한 횟수	시도한 횟수
1			
2			
3			

2 시도 횟수를 비교해요.

정답의 자릿수에 따라 시도한 횟수가 어떻게 달라지나요?

정답의 자릿수에 따라 시도 횟수는 점점

많아진다(　)　적어진다(　)

3 규칙을 바꿔요.

시도한 횟수를 줄이기 위해 업다운 게임의 규칙을 바꾸어 보세요.

4 변형 업다운 게임을 해요.

오른쪽의 변형 업다운 게임의 규칙을 읽어보고 친구들과 해보세요.

1. 정답의 자릿수를 정한다.
2. 문제를 맞히는 사람이 예상 답을 말한다.
3. 문제를 내는 사람은 각 자리의 수에 대하여 각각 UP/DOWN을 말해준다. 예) 정답 = 256 , 예상 답 = 147이라면 DOWN/UP/DOWN 이라고 말해준다.
4. 정답을 맞힐 때까지 1~3을 반복한다.

5 결과를 정리해요.

변형 업다운 게임을 해보고 정답을 맞히기 위해 시도한 횟수를 정리하세요.

게임	10~99 시도한 횟수	100~999 시도한 횟수	1000~9999 시도한 횟수
1			
2			
3			

6 변형 업다운 게임을 평가해요.

→ 정답의 자릿수에 따라 시도한 횟수가 어떻게 달라지나요?

→ 규칙을 바꾼 변형 업다운 게임에 대하여 좋은 점과 불편한 점을 정리해 보세요.

좋은 점 :
불편한 점 :

창작하기

숫자 관련 게임 만들기

여러분은 '31' 게임을 아시나요?

규칙 1. 한 명당 1개~3개까지 숫자를 외칠 수 있다.(예: 철수-1, 영희-2,3, 영미-4, 강선-5,67 ...)

규칙 2. 누구든 숫자 '31'을 외치게 되면 탈락

이와 같이 숫자와 관련된 새로운 게임을 생각해 보고 규칙을 적어봅시다.

친구들과 새로운 숫자 게임을 해보세요.

내가 만든 규칙에서 적절하지 않은 규칙을 수정하여 정리하세요.

컴퓨팅 사고력 역량 쑥쑥!!

문항 1

업다운 게임을 할 때 가장 적은 횟수로 정답을 맞히는 방법을 생각해 봅시다.

예1) 범위:1~10경우 -> 정답=7인 경우

시도 횟수	1		2		3		4	
예상한 수	5	↑	6	↓	7	↑	8	정답

예2) 범위:1~50 경우 -> 정답=15인 경우

시도 횟수	1		2		3		4		5		6	
예상한 수	7	↓	8	↑	9	↓	10	↓	11	↑	12	정답

위 두 예시를 보고 가장 적은 횟수로 정답을 맞히는 방법을 정리해 봅시다.

CT 역량평가

순서를 구분하여 생각하였는가? (문제분해)	☆ ☆ ☆ ☆ ☆
게임 규칙/방법 등을 잘 이해하였나요? (알고리즘)	☆ ☆ ☆ ☆ ☆
게임을 하면서 정답을 생각하였나요? (시뮬레이션)	☆ ☆ ☆ ☆ ☆

활동 3. 업다운 게임 코딩(심화)

활동 목표 리스트 개념을 알고 업그레이드 업다운 게임에 적용할 수 있다.

생각하나

업다운 게임에서 시도 횟수를 줄이려면 어떻게 하면 좋을지 적어보세요.

생각두울

스크래치로 업다운 게임을 조금 더 재미있게 만든다면 무엇을 추가하면 좋을까요?

코딩 익히기 리스트를 추가하여 업그레이드 업다운 게임 만들기

1 리스트를 만들어요.

'데이터-> 리스트 만들기' 에서 리스트 '예상한 답' 을 만들어 보세요.

2 화면을 구성해요.

배경 화면과 리스트, 변수를 추가하여 다음과 같이 화면을 구성해 보세요.

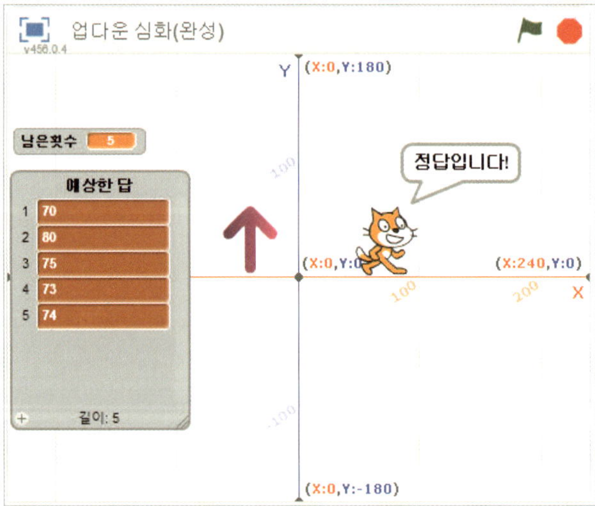

3 리스트에 추가해요.

리스트에 예상한 정답이 보이도록 코딩하세요.

4 시도 횟수를 확인해요.

예상한 답을 한 번 입력할 때마다 남은 시도 횟수가 1씩 줄어들도록 코딩하세요.

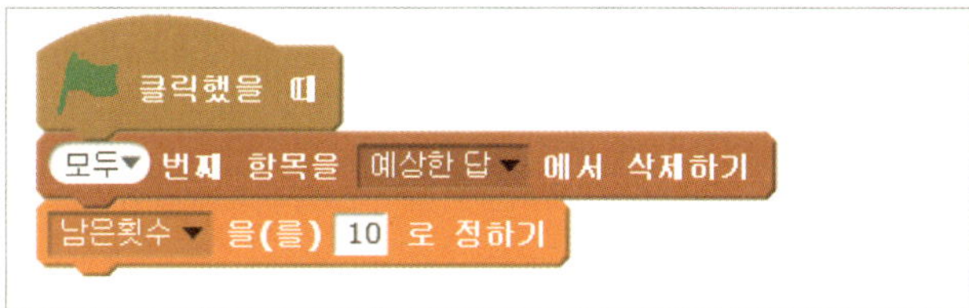

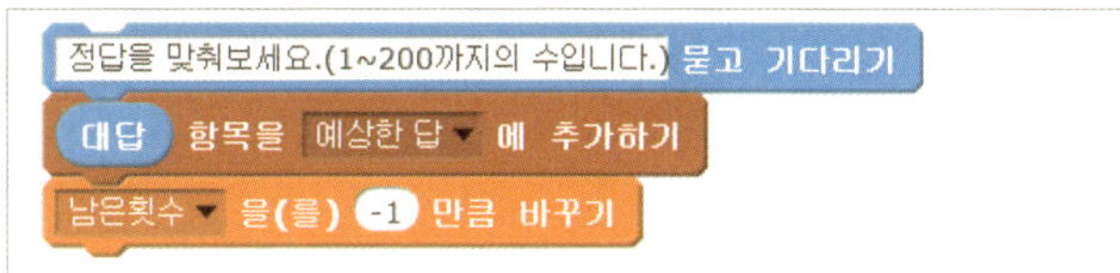

5 남은 횟수를 확인해요.

남은 횟수가 0이 될 때까지 반복하도록 코딩하세요.

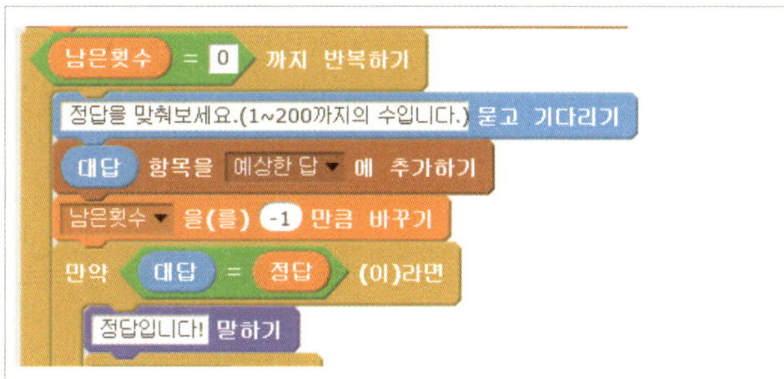

6 스프라이트를 움직여요.

고양이가 예상한 답의 위치로 이동하도록 코딩하세요.

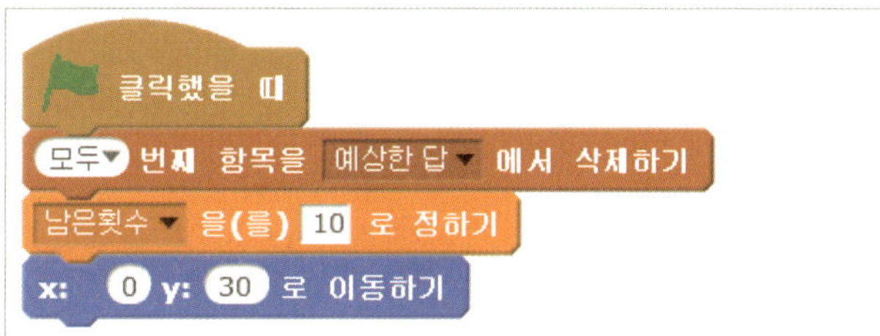

창작하기

숫자 야구 게임 만들기

다음 규칙을 보고 친구들과 숫자 야구 게임을 해보세요.

1. 정답의 자릿수를 정한다.
2. 문제를 맞히는 사람이 예상 답을 말한다.
3. 문제를 내는 사람은 각 자리의 수에 대하여 각각 스트라이크/볼을 말해준다. 예) 정답 = 256 , 예상 답 = 263이라면 1스트라이크 1볼이라고 말해준다. 2는 정답에 있는 숫자와 위치가 모두 맞으므로 스트라이크 6은 정답에 있는 숫자이나 위치가 다르므로 볼 3은 정답에 있는 숫자가 아니므로 아웃이다.
4. 정답을 맞힐 때까지 1~3을 반복한다.

스크래치로 숫자 야구 게임을 만들기 위해서 필요한 변수, 리스트, 명령 블록들을 정리하세요.

컴퓨팅 사고력 역량 쑥쑥!!

문항 1

다음 빈 칸에 알맞은 답을 쓰세요.

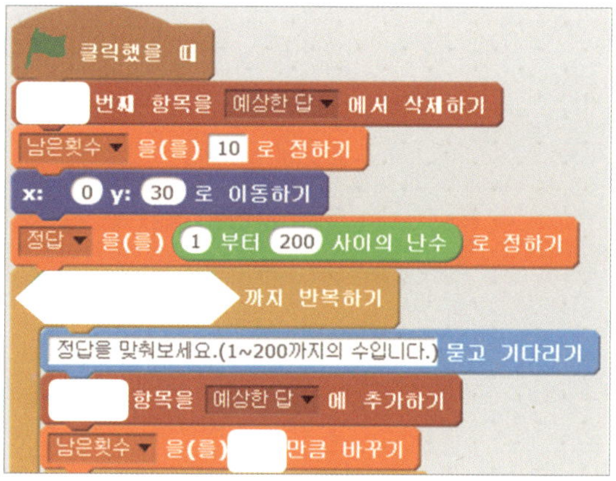

문항 2

다음 두 명령어는 어떠한 차이점이 있는지 써보세요.

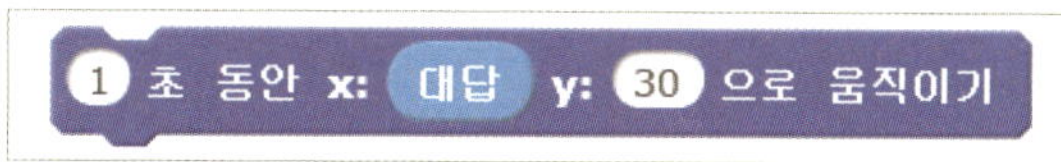

CT 역량평가

순서를 구분하여 생각하고 코딩하였는가? (문제분해)	☆ ☆ ☆ ☆ ☆
오류가 없도록 명령 블록을 연결하였나요? (알고리즘)	☆ ☆ ☆ ☆ ☆
게임을 스크래치로 자연스럽게 코딩하였나요? (시뮬레이션)	☆ ☆ ☆ ☆ ☆

2단원

스네이크 게임 코딩

· 복제하기를 이해하고 스네이크 게임을 만들 수 있다.
· 명령어를 사용해서 꼬리잡기 게임을 할 수 있다.
· 변수 개념을 알고 스네이크 게임에 적용할 수 있다.

이번 단원에 배울 컴퓨팅 사고력은?

이번 단원에서 핵심적으로 공부할 컴퓨팅 사고력은 '문제분해'입니다. '문제분해'란 어떤 현상을 보고 문제를 발견하고 문제의 원인, 현상 등을 자세히 나누어 생각하는 것을 말합니다. 이러한 과정을 통해 문제 현상을 효과적으로 해결 할 수 있습니다.

PREVIEW 스네이크 게임

활동 ①

스네이크 게임(기초)

복제하기를 이해하고 스네이크 게임을 만들어 보세요.

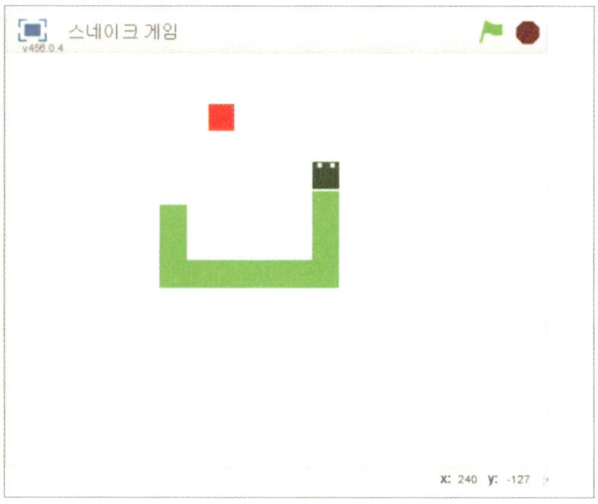

활동 ②

(언플러그드) 꼬리잡기 게임

명령어를 사용해서 꼬리잡기 게임을 해보세요.

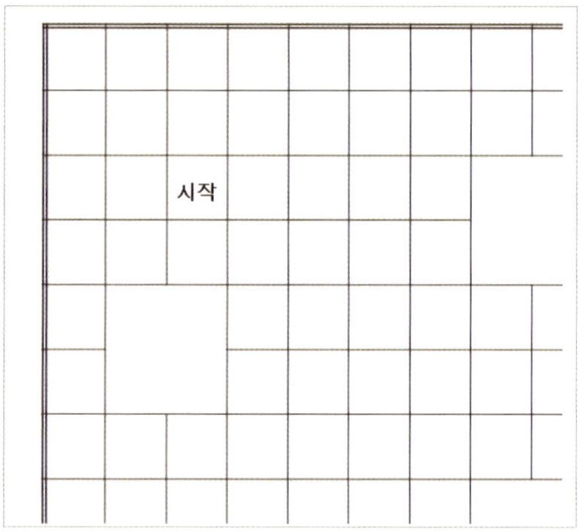

활동 ③

스네이크 게임(심화)

변수 개념을 알고 스네이크 게임에 적용해 보세요.

활 동 1. 스네이크 게임(기초)

활동 목표 복제하기를 이해하고 스네이크 게임을 만들 수 있다.

생각하나

위와 같은 스네이크 게임을 만들고자 합니다. 어떠한 스프라이트와 명령어가 필요한지 써보세요.

코딩하기 스네이크 게임 만들기

1 스프라이트를 추가해요.

게임에 필요한 스프라이트(머리, 꼬리, 먹이)를 그려주세요.

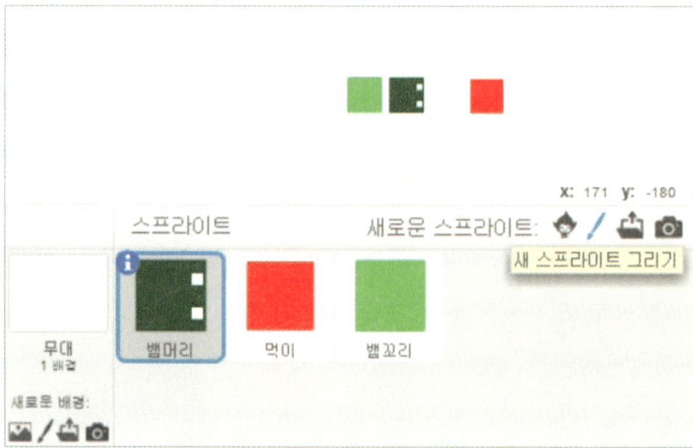

2 스프라이트의 중심을 설정해요.

뱀의 머리가 처음부터 꼬리에 닿지 않도록 머리 스프라이트의 중심을 변경해보세요.

3 먹이 스프라이트를 코딩해요.

난수를 사용하여 스프라이트가 무대의 임의의 장소에서 나타날 수 있도록 해보세요.

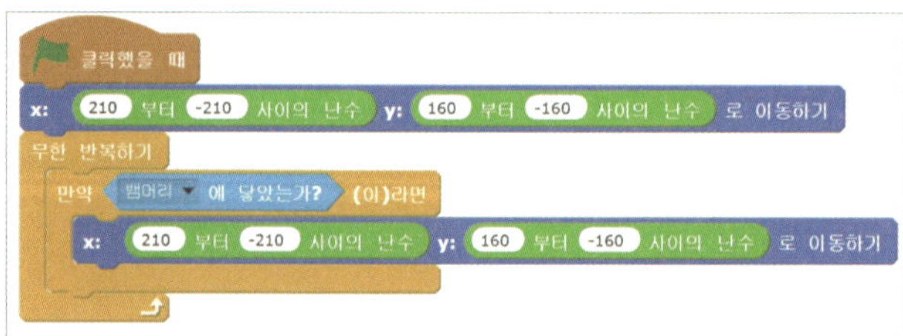

4 머리 스프라이트를 코딩해요(1).

방향키를 눌렀을 때 화살표의 방향으로 뱀의 머리를 움직이도록 해보세요.

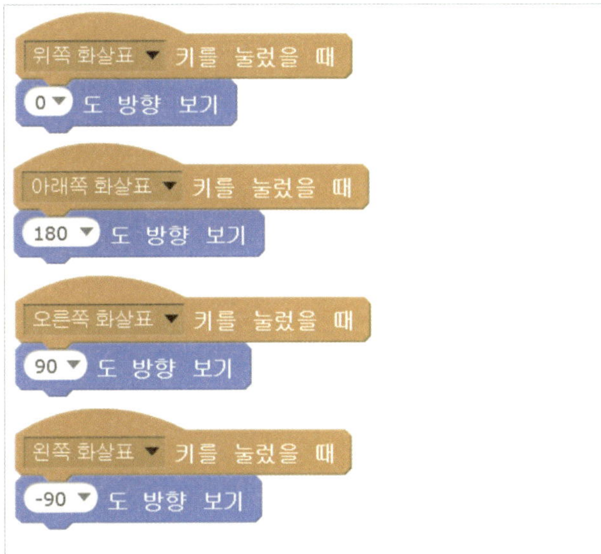

5 머리 스프라이트를 코딩해요(2).

꼬리 길이라는 변수를 만들어 처음에 시작할 경우 0이 되도록 정해보세요.

6 머리 스프라이트를 코딩해요(3).

꼬리가 따라 올 수 있도록 X 좌표와 Y 좌표의 변수를 만들어 보세요.

7 머리 스프라이트를 코딩해요(4).

먹이 스프라이트에 닿으면 꼬리 길이의 변수를 0.5만큼 바꾸고, 벽이나 꼬리에 닿으면 모두 멈추도록 해보세요.

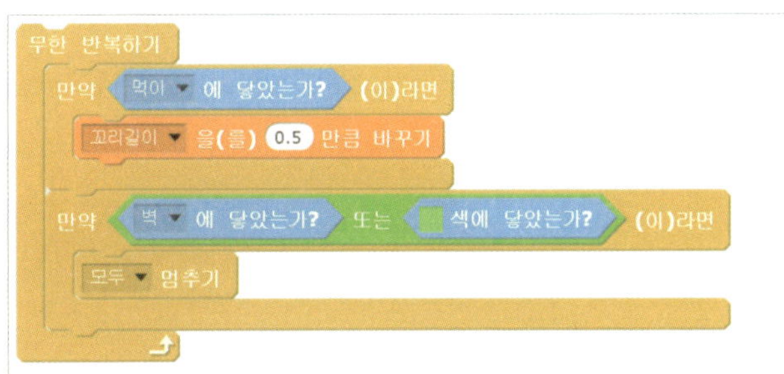

8 꼬리 스프라이트를 코딩해요(1).

변수로 만들었던 머리 스프라이트의 좌표로 이동 후에 나 자신 복제하기를 무한 반복하도록 해보세요.

9 꼬리 스프라이트를 코딩해요(2).

복제가 되었을 때, 변수로 만들었던 꼬리 길이만큼 기다린 후 복제한 것을 삭제하도록 해보세요.

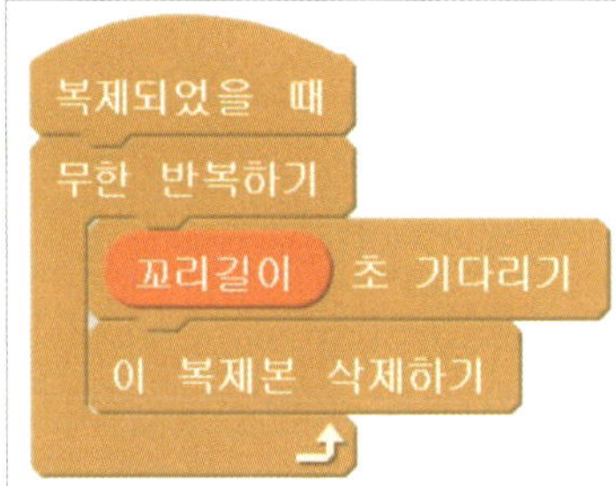

창작하기

나만의 스네이크 그리기

연필로 여러분이 생각하는 창의적인 스네이크를 그려보세요.

여러분이 생각한 스네이크를 그림판으로 그려보세요.

컴퓨팅 사고력 역량 쑥쑥!!

문항 1

스네이크 게임의 머리 스프라이트를 코딩하고자 합니다. 빈칸에 알맞은 숫자와 명령어를 넣으세요.

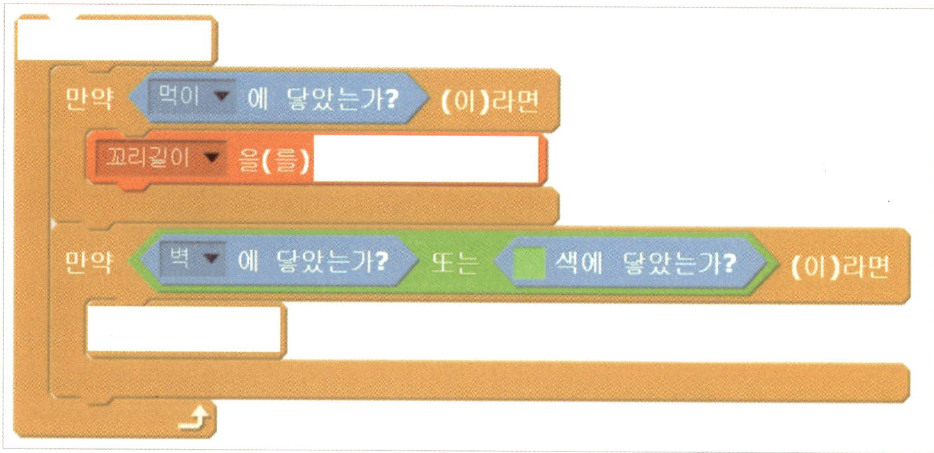

문항 2

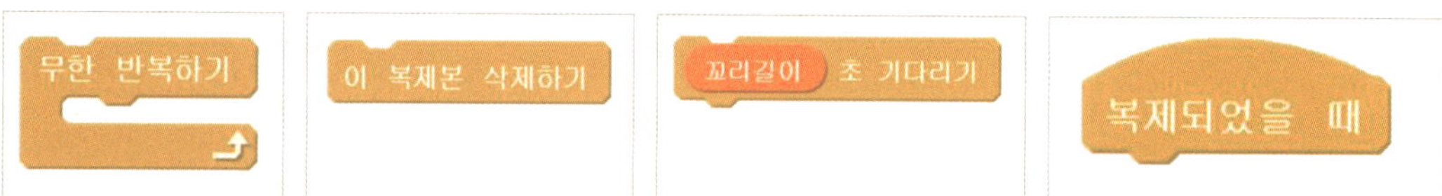

꼬리를 복제한 후 일정한 시간이 지난 후에 없어지도록 하고자 합니다. 위의 명령어를 순서대로 써보세요.

CT 역량평가

순서를 구분하여 생각하고 코딩하였는가? (문제분해)	☆ ☆ ☆ ☆ ☆
오류가 없도록 명령 블록을 연결하였나요? (알고리즘)	☆ ☆ ☆ ☆ ☆
게임을 스크래치로 자연스럽게 코딩하였나요? (시뮬레이션)	☆ ☆ ☆ ☆ ☆

활동 2. 꼬리잡기 게임하기

활동 목표 꼬리잡기 게임을 할 수 있다.

생각하나

여러분이 해보았던 꼬리잡기 게임의 규칙은 어떠한 것들이 있었나요? 그리고 상대방을 이기기 위해서는 어떠한 전략이 필요한지 써보세요.

생각두울

스크래치 명령어를 활용하여 꼬리잡기 게임을 하려면 어떠한 명령어가 필요한지 써보세요.

활동 하기 꼬리잡기 게임하기

1 A가 B에 도착할 수 있도록 다음 명령어를 사용해보세요.

(1칸 이동하기)

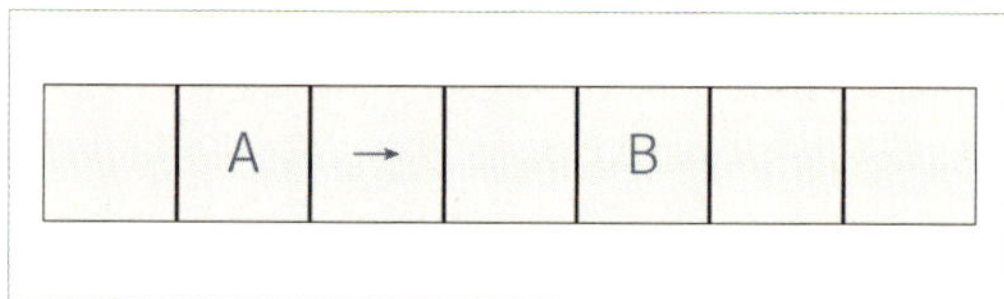

2 A가 B에 도착할 수 있도록 다음 명령어를 사용해보세요.

(1칸 이동하기, 90도 회전하기)

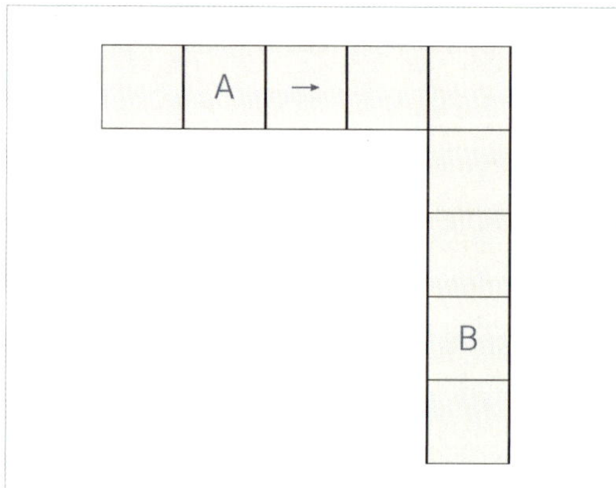

3 A가 B에 도착할 수 있도록 다음 명령어를 사용해보세요.

(1칸 이동하기, 90도 회전하기)

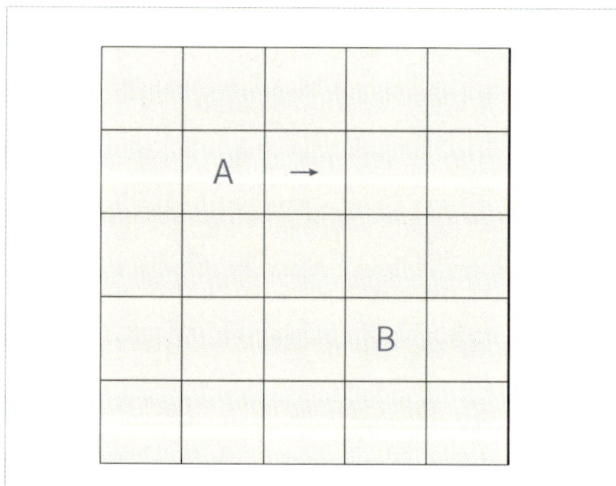

4 A가 B에 도착할 수 있도록 다음 명령어를 사용해보세요.

(1칸 이동하기, 1회 반복하기, 90도 회전하기)

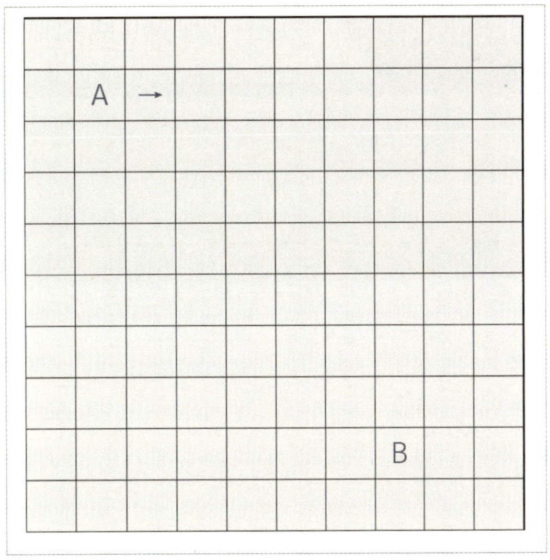

5 A가 C를 지나 B에 도착할 수 있도록 다음 명령어를 사용해보세요.

(1칸 이동하기, 1회 반복하기, 90도 회전하기)

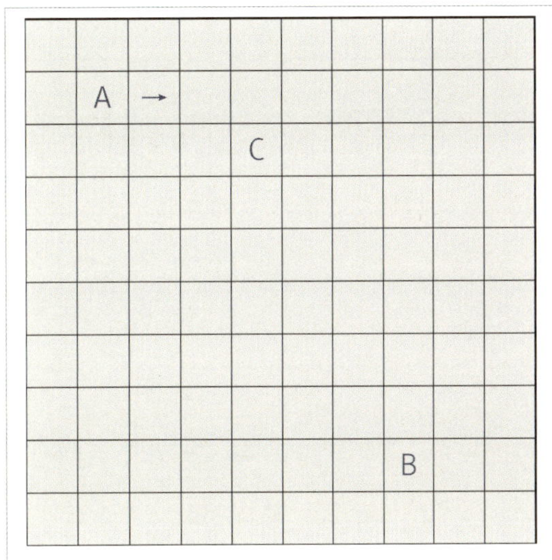

6 A가 C를 지나 D를 피해 B에 도착할 수 있도록 다음 명령어를 사용해보세요.

(1칸 이동하기, 1회 반복하기, 90도 회전하기)

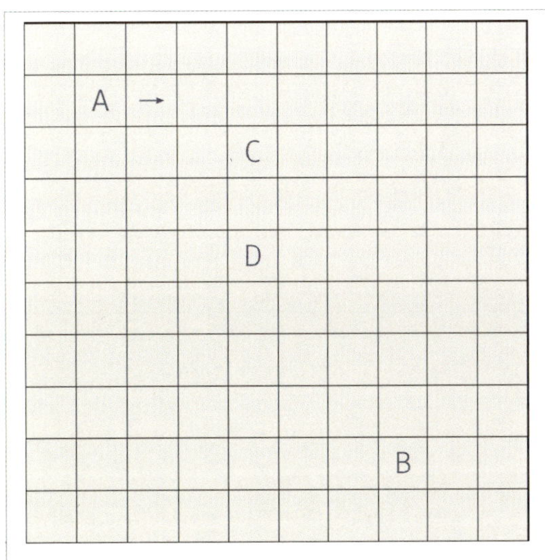

창작하기

꼬리잡기 게임하기

친구와 함께 아래의 규칙을 활용하여 꼬리잡기 게임을 해보세요.

1. 시작점 중에 한 곳에 자신의 말을 두기
2. 1칸 이동하기 명령어는 5회만 사용하기
3. 1회 반복하기 명령어는 1회만 사용하기
4. 90도 회전하기 명령어는 1회만 사용하기

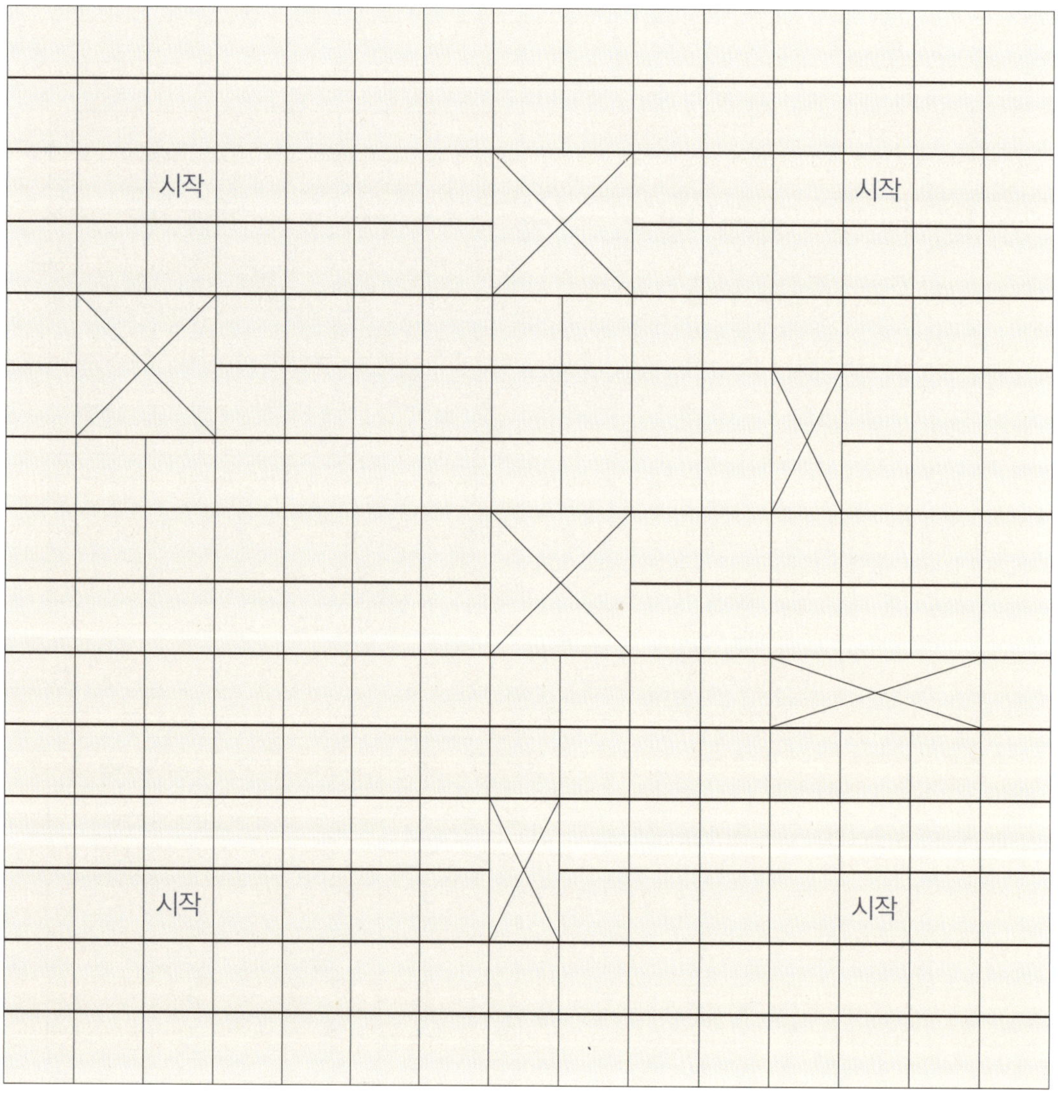

컴퓨팅 사고력 역량 쑥쑥!!

문항 1

시작 지점에서 다음과 같은 명령어로 출발한 말이 어디까지 갔을지 표시해보세요.

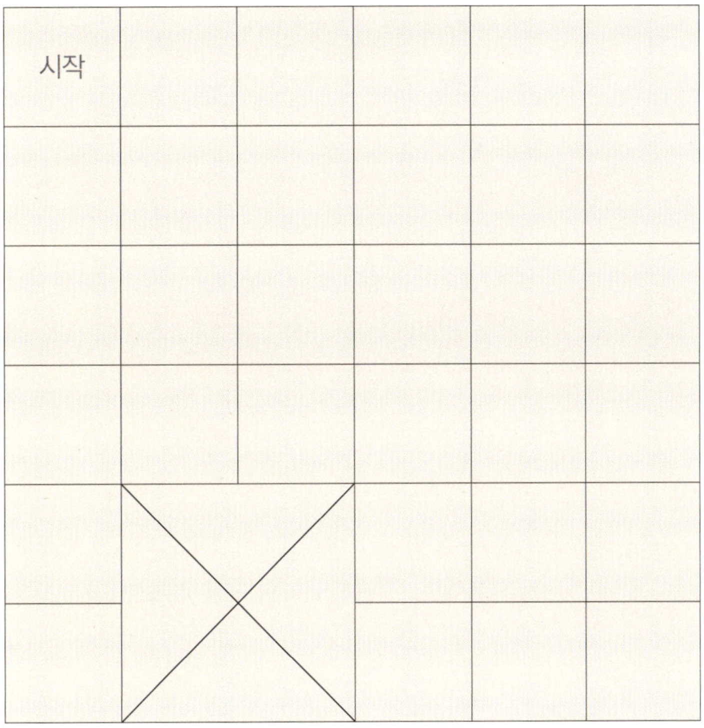

CT 역량평가

명령어의 단계를 구분하여 생각하였는가? (문제분해)	☆ ☆ ☆ ☆ ☆
문제를 해결하기 위한 절차, 순서 방법을 생각하였는가? (알고리즘)	☆ ☆ ☆ ☆ ☆
명령 블록을 순서에 맞게 실행하였는가? (시뮬레이션)	☆ ☆ ☆ ☆ ☆

활동 3. 스네이크 게임(심화)

활동 목표 변수를 추가하여 스네이크 게임을 만들 수 있다.

생각하나

활동 1에서 했던 스네이크 게임에서 추가하고 싶은 것들을 써보세요.

생각두울

추가하고 싶은 것들을 스크래치로 구현하기 위해서 필요한 스프라이트와 명령어를 써보세요.

코딩 익히기 　변수를 추가하여 스네이크 게임 만들기

1 장애물 스프라이트를 추가해보세요(1).

장애물 스프라이트를 추가하여 무대의 임의의 장소로 이동시켜 보세요.

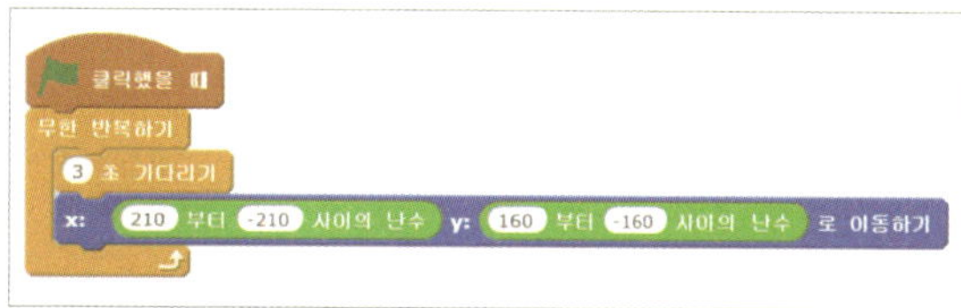

2 장애물 스프라이트를 추가해보세요(2).

머리 스프라이트에 닿았을 경우 종료를 방송하고 모두 멈추도록 해보세요.

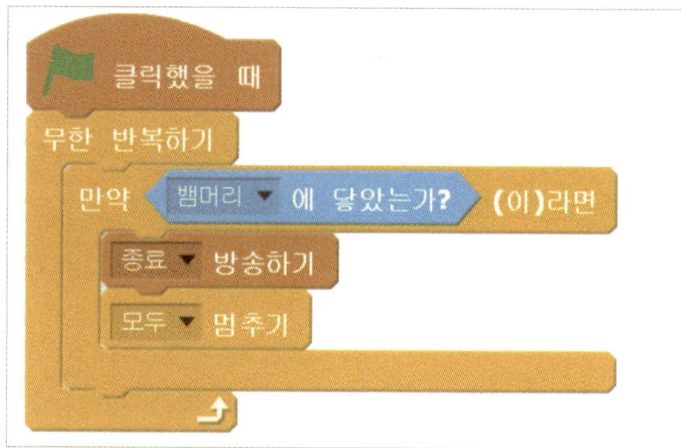

3 방송하기를 받았을 때를 사용하여 게임 종료 메시지가 나오게 해보세요.

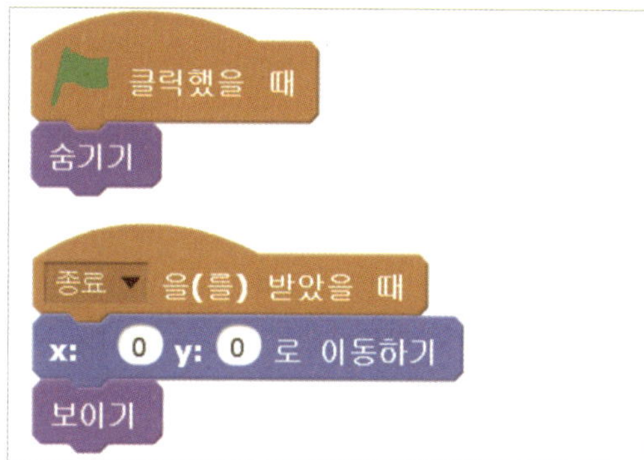

4 소리와 속도, 점수 변수를 추가 해보세요.

5 스프라이트가 속도 변수만큼 움직일 수 있도록 해보세요.

6 먹이 스프라이트에 닿았을 때 소리를 재생하고 속도와 점수 변수를 바꿔주세요.

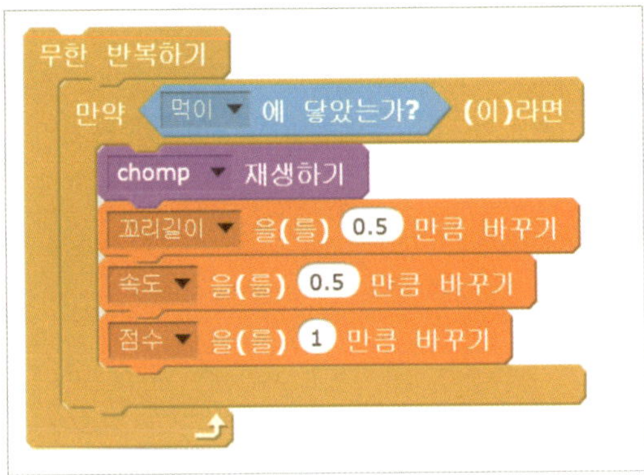

창작하기 새로운 게임 만들기

지금까지 배웠던 것들을 활용하여 여러분이 만들고 싶은 나만의 게임을 써보세요.

나만의 게임을 만들기 위해서는 어떤 스프라이트, 명령어들이 필요한지 써보세요.

컴퓨팅 사고력 역량 쑥쑥!!

문항 1

스네이크 머리 모양의 중심을 왼쪽과 같이 설정하는 이유는 무엇인지 써보세요.

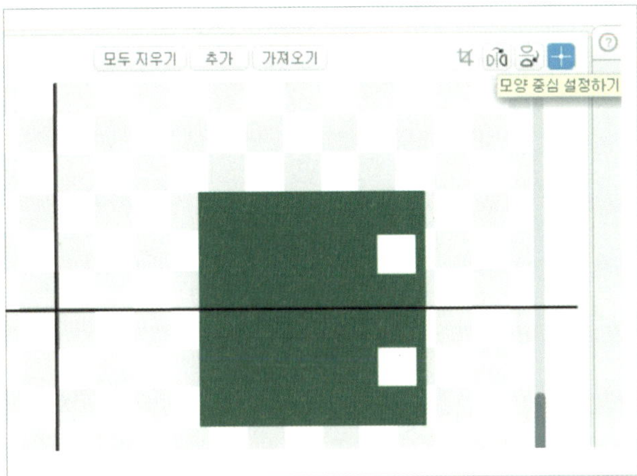

문항 2

다음 ㉠명령어와 ㉡명령어는 어떠한 차이점이 있는지 써보세요.

㉠	㉡

CT 역량평가

순서를 구분하여 생각하고 코딩하였는가? (문제분해)	☆ ☆ ☆ ☆ ☆
오류가 없도록 명령 블록을 연결하였나요? (알고리즘)	☆ ☆ ☆ ☆ ☆
게임을 스크래치로 자연스럽게 코딩하였나요? (시뮬레이션)	☆ ☆ ☆ ☆ ☆

3단원

길건너 친구 코딩

· 스크래치를 이용하여 스프라이트를 움직일 수 있다.
· 코딩의 원리를 활용해서 친구를 목적지까지 이동시킬 수 있다.
· 스크래치를 이용하여 길건너 친구 게임을 제작할 수 있다.

이번 단원에 배울 컴퓨팅 사고력은?

이번 단원에는 스크래치로 직접 순서대로 그리면서 '병렬화'에 대해서 배워보겠습니다.
목표를 움직여서 목적지까지 도착할 수 있도록 작업을 수행할 때 어떤 자원을 활용할지 구성하는 것은 매우 중요합니다. 병렬화를 잘 이해하면 내가 구상한 대로 목표를 조작할 수 있게 됩니다. 이렇게 목표를 달성하기 위해 작업을 동시에 수행하도록 자원을 구성하는 것을 병렬화라고 합니다.
병렬화를 활용하면 보다 재미있게 작업을 구성할 수 있습니다.

PREVIEW 길건너 친구 게임을 코딩해서 만들어 보자!

활동 ①

길건너 친구 기초 코딩

길건너 친구를 구하기 위해 간단한 코딩을 통해 게임을 만들어요.

활동 ②

암흑 체스

2인 1조 짝으로 체스말이 되어 상대보다 먼저 목적지에 도착해요.

활동 ③

길건너 친구 심화 코딩

기초 코딩을 바탕으로 좀 더 재미있는 요소를 넣어서 게임을 만들어요.

활동 1. 길 건너 친구 기초 코딩

활동 목표 스크래치를 이용하여 스프라이트를 움직일 수 있다.

생각하나

스크래치의 프로젝트 페이지 아래에는 x와 y 그리고 숫자로 표현되는 부분이 있습니다. 마우스를 프로젝트 페이지 위에서 움직이면 숫자 값이 바뀌는데 이것은 무엇을 의미하는 것일까요?

생각두울

x: -10 y: 7

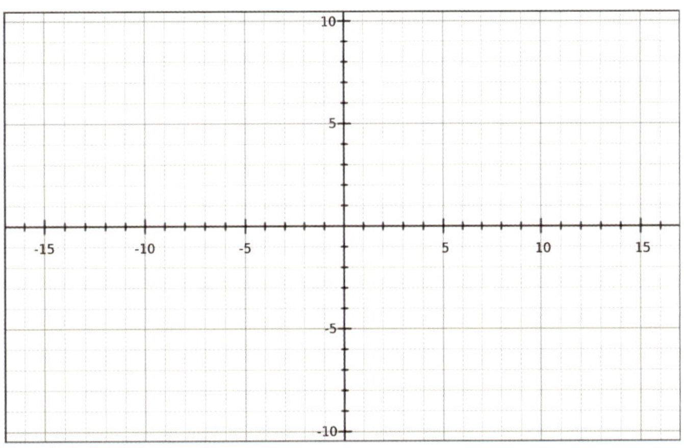

1. 스크래치의 x와 y 값과 오른쪽 그래프는 비슷한 부분이 많이 있습니다. 숫자 앞에 붙어 있는 –가 의미하는 것이 무엇인지 생각해 봅시다.
2. 왼쪽 스크래치 숫자가 가르키는 곳은 오른쪽 그래프에서 어디쯤 일까요?

코딩 익히기 스크래치로 스프라이트 움직이기

1 방향 조건을 설정해 보세요.

화살표 방향에 따른 움직임을 설정하기 위해 이벤트 스크립트에서 오른쪽 화살표, 왼쪽 화살표, 아래쪽 화살표, 위쪽 화살표를 생성하세요.

2 오른쪽 방향으로 이동시 모습을 설정해 보세요.

스프라이트가 오른쪽 방향으로 이동하는 경우 스프라이트가 자연스럽게 움직이도록 좌표값을 설정해서 반복 기능과 동작 스크립트를 활용하세요(이렇게 설정하면 스프라이트가 오른쪽을 바라보고 위로 이동합니다).

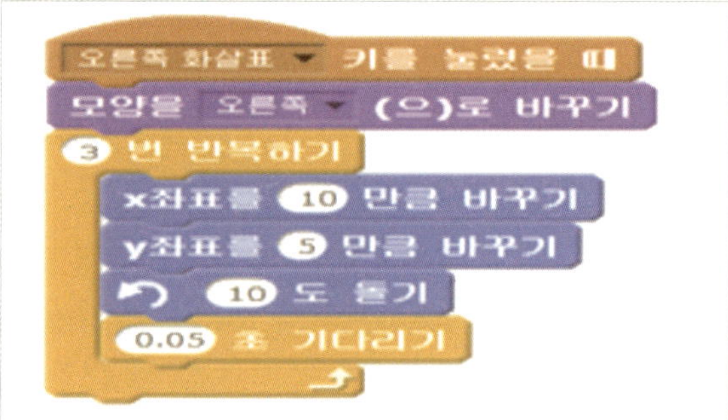

3 오른쪽 방향으로 이동시 모습을 완성해 보세요.

오른쪽을 바라보고 이동한 스프라이트가 자연스럽게 착지할 수 있도록 y 값과 각도를 반대로 설정하면 스프라이트가 이동하는 것처럼 오른쪽으로 x 값 20만큼 이동하게 만들어 보세요.

4 스프라이트의 오른쪽 이동시 변화 모습을 설정해 보세요.

x 값과 y 값, 각도의 숫자를 바꾸어 가면서 적당한 모습의 스프라이트 변화를 확인해 보세요. 기다리기 제어 스크립트도 있는 경우와 없는 경우를 입력해서 시연해 보세요.

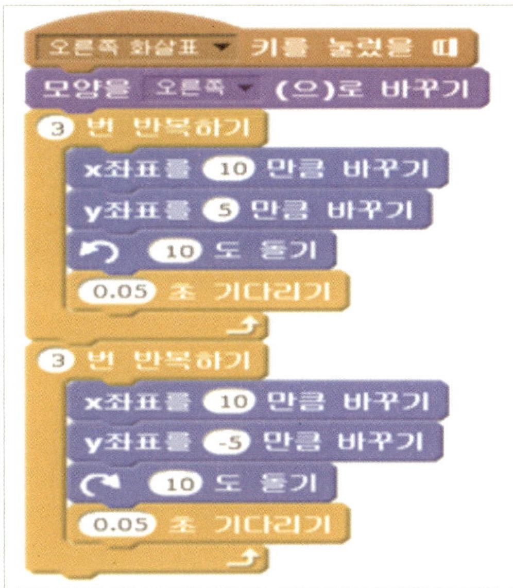

5 스프라이트의 왼쪽 이동시 변화 모습을 설정해 보세요.

스프라이트의 위치 변화를 생각하며 왼쪽으로 이동할 때도 동일한 형식으로 입력해 보세요.

6 스프라이트의 아랫쪽 이동시 변화 모습을 설정해 보세요.

아래쪽으로 이동할 경우 모양의 변화는 주지 않고 좌표값만 변경하면서 같은 형식으로 입력하세요.

7 스프라이트의 위쪽 이동시 변화 모습을 설정해 보세요.

위쪽으로 이동할 경우도 좌표값의 부호에 주의하면서 같은 형식으로 입력하세요.

창작하기

새로운 게임 만들기

스프라이트가 움직일 때 진로를 방해할 수 있는 자동차를 추가하려고 합니다. 자동차가 연속으로 지나가도록 하려면 무한반복 제어 스크립트를 활용해야 합니다. 코딩을 스크래치로 구상해 보세요.

스프라이트를 움직여서 장애물을 피해가는 길 건너 친구 게임을 만들어 보려고 합니다. 전체 배경과 장애물을 어떻게 배치하고 싶은지 그림을 그려서 설명해 보세요.

컴퓨팅 사고력 역량 쑥쑥!!

문항 1

아래 설정에서 x 값과 y 값 숫자값에 변화를 주면 스프라이트가 어떻게 움직일까요?

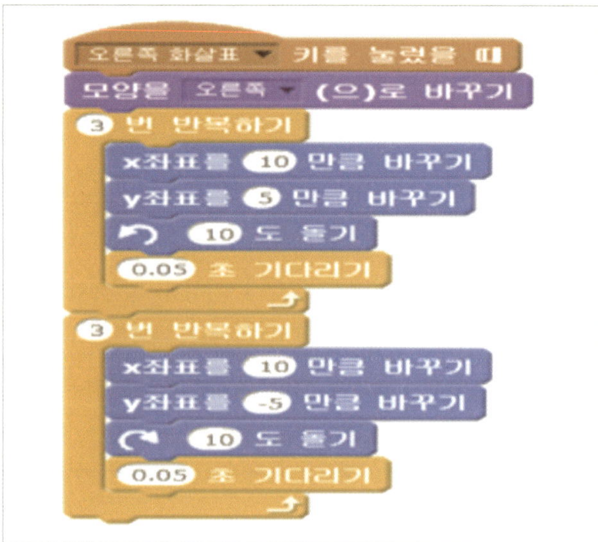

x 값을 크게 하면
(　　　　　　)

y 값을 크게 하면
(　　　　　　)

문항 2

자동차가 움직일 때 움직이는 속도와 방향에 변화를 주려고 합니다. 다음 중 어떤 스크립트를 활용해야 할까요?

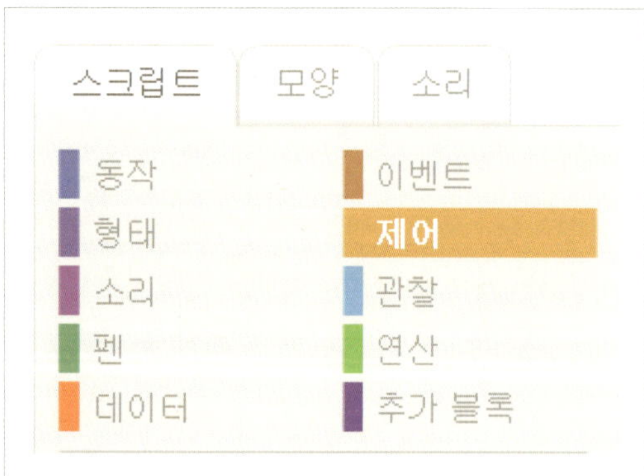

CT 역량평가

문제를 해결할 때 여러 순서로 나눠서 생각할 수 있나요?(문제분해)	☆ ☆ ☆ ☆ ☆
문제 해결방법을 순서대로 생각할 수 있나요?(알고리즘)	☆ ☆ ☆ ☆ ☆
반복되는 규칙을 찾아내서 스프라이트를 움직일수 있나요?(패턴인식)	☆ ☆ ☆ ☆ ☆

활동 2. (언플러그드) 암흑 체스

활동 목표 코딩의 원리를 활용해서 친구를 목적지까지 이동시킬 수 있다.

생각하나

			도착
		■	
출발			

지도의 출발 지점에서 도착지점까지 장애물을 피해서 가장 빨리 도착할 수 있는 길은 몇 가지가 있을까요?

생각두울

체스 말을 이동시키려고 할 때 명령어로 사용할 수 있는 것에는 어떤 것들이 있을까요? 빈 칸에 알맞은 내용을 넣어 보세요.

명령어	수행 내용
앞으로 1칸 이동	보고 있는 방향으로 1칸 이동한다.
점프	보고 있는 방향으로 2칸 이동한다.

놀이 배우기

암흑 체스 놀이 규칙을 함께 정하고 활동을 해봅시다.

게임 룰 설명

- 2인 1모둠을 구성해서 1명은 조종자, 1명은 체스 말이 됩니다(2~3팀이 1게임 참가).
- 체스 말은 눈을 가리고 조종자가 말하는 대로만 움직여야 합니다.
- 바닥에 열쇠가 있는 곳을 빨리 찾는 팀이 승리하는 게임입니다(학생 수에 맞게 교실을 크게 만들거나 참가 모둠을 조정하고 열쇠는 사회자가 적당한 곳에 위치시킵니다).

게임 하는 방법

1 각 모둠은 시작 위치에서 대기하세요.

모둠이 구성되면 체스 말은 눈을 가리고 게임장으로 입장하세요. 입장은 게임장 구석에서 시작하세요.

(예시)

1모둠 출발점 →				2모둠 출발점 ←
			열쇠	
3모둠 출발점 →				

2 조종자가 명령어를 말하세요(1번 1회).

1모둠 조종자가 '오른쪽으로 방향 조정' 이라고 말하고 1모둠 체스 말은 방향을 바꾸어 보세요.

(예시)

1모둠 출발점 ↓				2모둠 출발점 ←
			열쇠	
3모둠 출발점 →				

3 조종자의 말을 들은 말 학생이 움직여 보세요.

1모둠 조정자가 '1칸 앞으로' 명령을 내렸습니다. 체스 말은 자기 차례에 1회의 명령만 수행할 수 있고 1 걸음만 움직일 수 있습니다(필요시 장애물과 함정도 추가할 수 있습니다).

(예시)

1모둠 출발점	⇣			2모둠 출발점
	↓		↓	
			열쇠	
3모둠 출발점		→		

창작하기 암흑 체스 놀이에 재미있는 게임 요소를 추가해 보세요.

암흑 체스 놀이에 물음표 카드를 추가하려고 합니다. 암흑 체스 놀이에 물음표 카드를 추가한다면 어떤 것들을 추가할 수 있고 그 물음표 카드는 어떤 기능을 할 수 있을까요? 아래 예시를 보고 재미있는 게임 요소들을 추가해 보세요.

게임 요소	기능
더블 찬스(예시)	2번 움직일 수 있다.
함정 카드(예시)	1번 쉬어야 한다.

컴퓨팅 사고력 역량 쑥쑥!!

문항 1

현재 1번 위치에서 물음표 카드를 획득하고 열쇠를 얻고 싶습니다. 어떤 순서대로 가야 가장 빨리 도착할 수 있는지 코딩을 해보세요.

1→			장애물	
장애물		물음표 카드		
	장애물	열쇠		

앞으로 1칸 이동→

→목표물 도착

CT 역량평가

목표물까지 가는 가장 빠른 길을 찾아낼 수 있나요?(추상화)	☆ ☆ ☆ ☆ ☆
친구의 움직임을 구체적으로 나누어서 표현할 수 있나요?(자료표현)	☆ ☆ ☆ ☆ ☆
반복되는 규칙을 찾아내서 문제를 해결할 수 있나요?(패턴인식)	☆ ☆ ☆ ☆ ☆

활동 3. 길 건너 친구 심화 코딩

활동 목표 스크래치를 이용하여 길 건너 친구 게임을 만들 수 있다.

생각하나

목표물까지 스프라이트를 움직여서 이동시키려고 합니다. 어떤 장애물을 추가할 수 있고 그 장애물은 어떤 효과가 있을까요? 그림으로 그려서 표현해 보세요.

장애물	효과
	왼쪽에서 오른쪽으로 느리게 움직이면서 이동을 방해한다.

생각두울

화살표 키를 눌렀을 때 스프라이트의 움직임에 변화를 주려고 합니다. 다양한 방법들이 있는데 1단계에서 공부한 형태 스크립트가 아니라 동작 스크립트에서 변화를 줄 수도 있습니다. 다음 동작 스크립트에서 스프라이트의 움직임에 변화를 줄 수 있는 명령어들을 찾아보세요.

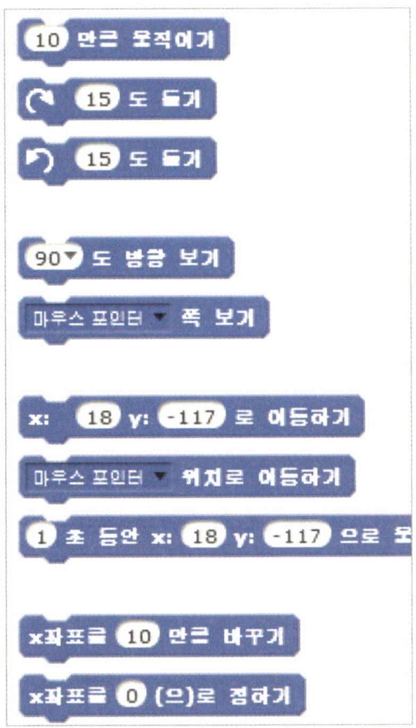

코딩 익히기 길 건너 친구 게임을 코딩해 보세요.

1 기초 코딩에서 작업한 내용을 코딩해 보세요.

길 건너 친구 기초 코딩에서 작업한 내용을 활용해서 스프라이트 움직임을 입력해 보세요.

2 장애물을 삽입해 보세요.

장애물 스프라이트를 추가하고 장애물이 움직일 위치를 x와 y 값으로 선택하세요. 장애물 스프라이트의 크기를 고려해서 기다리는 시간을 선택하세요.

3 장애물을 무한 반복해 보세요.

장애물이 반복해서 나타날 수 있도록 무한 반복하기를 활용하고 속도값을 입력하세요. 이 때 장애물의 빠르기를 빠르게 하려면 숫자를 어떻게 입력하면 될까요?

4 장애물 접촉시 소리를 삽입해 보세요.

장애물에 닿았을 때 소리를 재생하고 게임을 멈출 수 있도록 조건문을 활용해서 입력해 보세요.

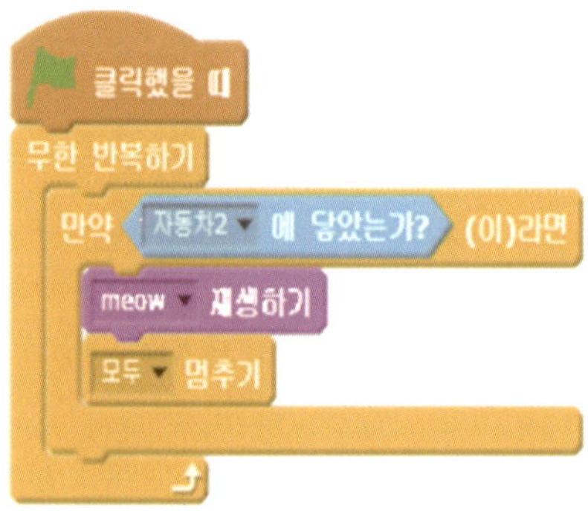

5 목표물 도착시 성공 화면을 구성해 보세요.

목표물에 도착할 때 성공이라는 메시지와 음악이 재생되도록 조건문을 사용해서 다음과 같이 코딩해 보세요. 스프라이트가 춤추는 것과 같은 효과를 주기 위해 돌기 효과도 넣어 보세요.

6 같은 작업(2-4번 작업)으로 장애물을 추가해 보세요.

장애물은 움직이는 방향을 바꾸어 가면서 1개 더 추가해 보세요.

7 게임 오버 조건을 설정해 보세요.

추가한 장애물도 닿으면 게임이 멈출 수 있게 똑같이 입력해 보세요.

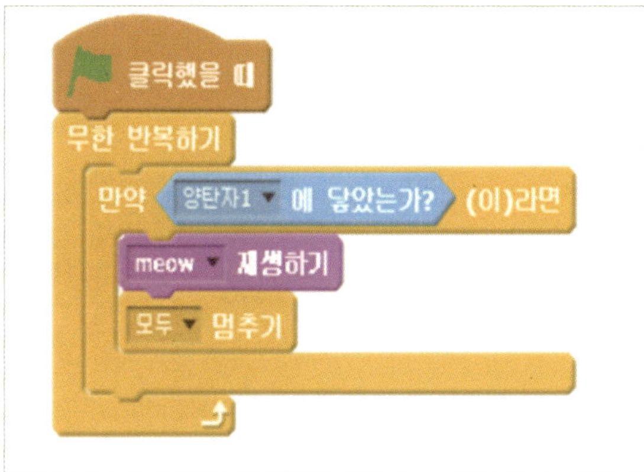

창작하기

길 건너 친구 게임에 점수 기능을 추가해 보세요.

데이터 스크립트를 활용해서 목표물에 도착하면 점수를 1씩 높일 수 있는 점수 판을 만들어 봅시다. 기존 스크립트에 명령어를 추가해서 빈 칸에 코딩해 보세요.

기존 스크립트

점수 데이터 추가 후 스크립트

컴퓨팅 사고력 역량 쑥쑥!!

문항 1

장애물이 벽에 닿으면 튕겨서 반복하게 코딩하려고 합니다. 아래 블록들을 잘 맞추어서 코딩한 후 오른쪽 빈 칸에 그림으로 표현해 보세요.

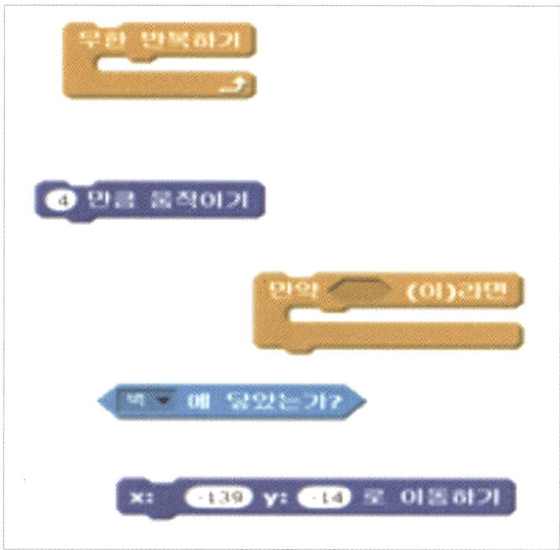

문항 2

스프라이트가 장애물(자동차)와 부딪히게 될 경우 소리(성공!)를 넣고 'game over!' 메시지를 넣으려고 합니다. 빈 칸에 들어갈 내용을 쓰세요.

CT 역량평가

장애물을 내가 생각한대로 표현할 수 있나요?(추상화)	☆ ☆ ☆ ☆ ☆
장애물을 움직이기 위해 스크립트를 나누어 생각할 수 있나요?(문제분해)	☆ ☆ ☆ ☆ ☆
반복되는 규칙을 찾아내서 문제를 해결할 수 있나요?(패턴인식)	☆ ☆ ☆ ☆ ☆

4 단원

우주 여행 스케치 코딩

· 스크래치의 난수를 이용하여 장애물의 좌표를 조정할 수 있다.
· 변수의 개수와 종류를 다양하게 설정할 수 있다.
· 복제기능을 이용하여 다른 형태의 코딩으로 변형시킬 수 있다.

이번 단원에 배울 컴퓨팅 사고력은?

이번 단원에는 우주선이 x와 y 좌표를 이리저리 비행하는 알고리즘과 하늘에 떠다니는 유성(장애물)에 맞았을 때 우주선의 변화를 동시에 처리할 수 있도록 알고리즘을 코딩하는 과정을 배워보겠습니다. 이것을 병렬화라고 합니다. 여러분은 이러한 병렬화를 통해서 자신만의 다양한 기능을 탑재한 우주선과 개성있는 우주 환경(오브젝트)을 구성할 수 있습니다.
자! 이제부터 우주 여행을 떠나볼까요? 출발~~

PREVIEW 신나는 우주 비행을 시작해 봅시다.

활동 ①

우주 하늘에서 떨어지는 유성(장애물)과 우주 비행을 위한 우주선 코딩

활동 ②

(언플러그드) 우주선 점령하기

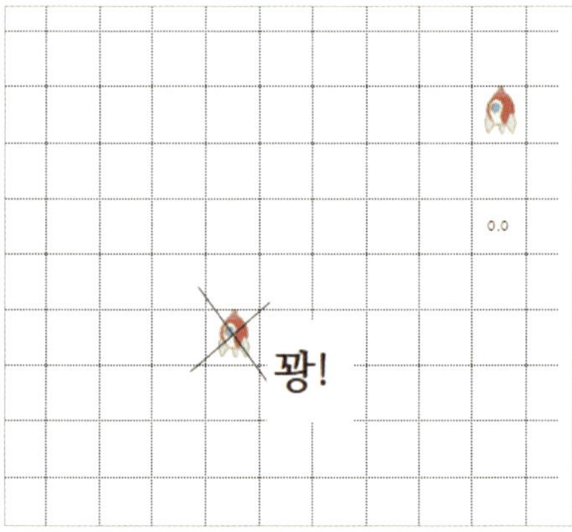

활동 ③

우주 전쟁 게임

우리편의 우주선에서 레이저가 나와서 유성(장애물)과 상대편의 우주선을 제거할 수 있는 기능을 넣어요.

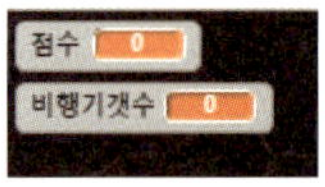

활동 1. 하늘에서 떨어지는 유성과 우주선 코딩

활동 목표 난수를 이용하여 x 좌표 오브젝트의 위치를 표현할 수 있다.

생각하나

다음은 우주공간의 x 좌표와 y입니다. 떨어지는 유성의 x 좌표의 범위를 생각해 봅시다. 또한, 착륙하고 있는 우주선을 코딩할 때 y 좌표는 난수를 사용할까요? 만약, 난수를 사용하지 않는다면 우주선의 y 좌표는 얼마일까요?

유성 좌표 코딩
범위에 (　　)

우주선 코딩
y 좌표 범위에 (　　)

생각두울

아래와 같은 알고리즘의 유성을 만들었습니다. 자동으로 복제되어 나타나도록 하기 위해서는 어떻게 해야 할까요? 어떤 기능의 명령 블록을 사용해야 할지 생각해 봅시다

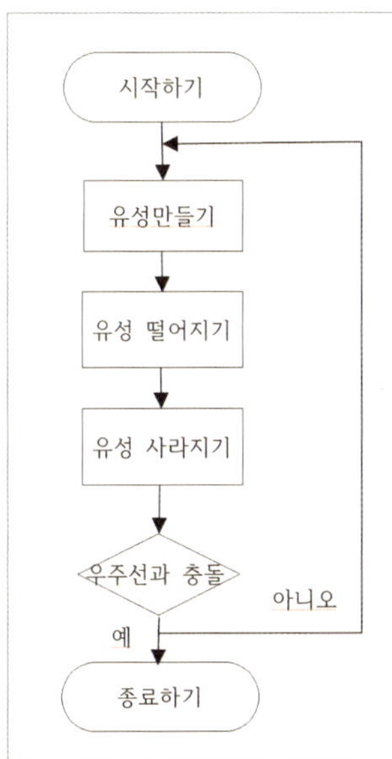

코딩 익히기 길 건너 친구 게임을 코딩해 보세요.

1 무대배경을 만들어요(1).

우선 무대배경을 우주로 만들어 보세요(새로운 배경을 아이콘을 눌러서 설정해도 좋고 직접 모양 그림판에서 그려보아도 좋아요).

2 무대배경을 만들어요(2).

게임이 끝났을 때의 배경을 만들어 주세요. 1번, 2번, 3번 배경이 만들어 졌습니다.

3 무대배경을 만들어요(3).

게임을 시작하는 영상도 만들어 보세요.

4 우주선을 만들어요(1).

나만의 개성적인 우주선도 만들어 보아요(새로운 스프라이트 아이콘을 눌러 적용해도 좋고 직접 모양 그림판에서 그려서 넣어도 좋아요).

5 우주선을 만들어요(2).

시작을 클릭했을 때 우주선이 가운데 아래에 위치하도록 합니다.

6 우주선을 만들어요(3).

왼쪽 화살표를 누르면 우주선이 왼쪽으로 오른쪽 화살표를 누르면 오른쪽으로 이동하도록 합니다.

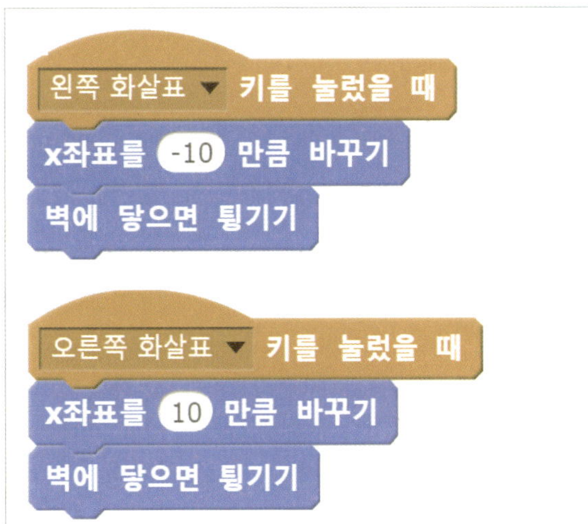

7 우주선 미사일을 만들어요(1).

- 우주선에서 미사일이 발사하도록 미사일의 위치의 X, Y 좌표를 우주선에 맞춥니다.
- 0도 방향보기로 하여 미사일이 위로 발사되도록 합니다.
- 벽에 닿으면 미사일 복제본이 삭제되도록 합니다.

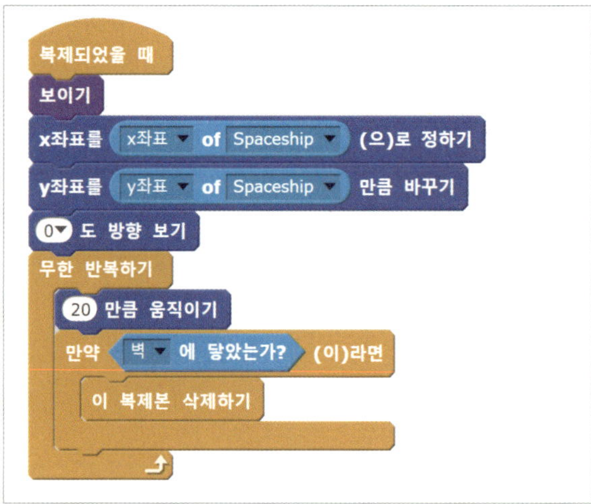

8 우주선 미사일을 만들어요(2).

번개 발사 방송 만들기를 통하여 미사일을 복제합니다.

9 우주선 미사일을 만들어요(3).

스페이스 키를 눌렀을 때 미사일 발사 방송하기를 실행합니다.

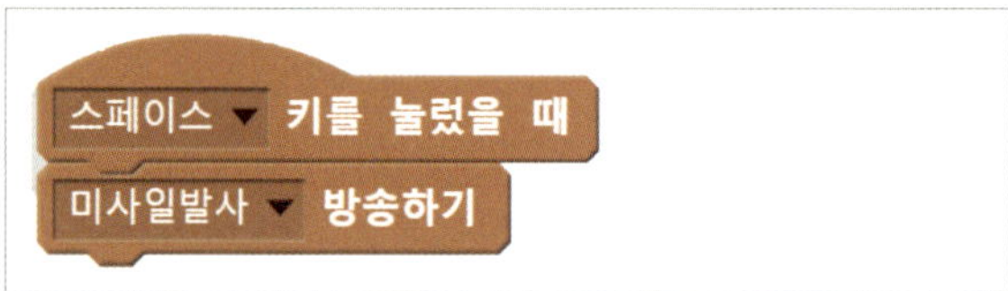

10 유성을 만들어요(1).

- 유성이 아래로 내려오면서 크기가 크게 변하도록 합니다.
- 복제하기 기능을 통해 계속 반복하여 재생하도록 합니다.

11 유성을 만들어요(2).

유성은 3가지 경우에 해당되면 복제본이 사라지게 합니다. 미사일에 닿았을 때, 벽에 닿았을 때, 우주선에 닿았을 때입니다.

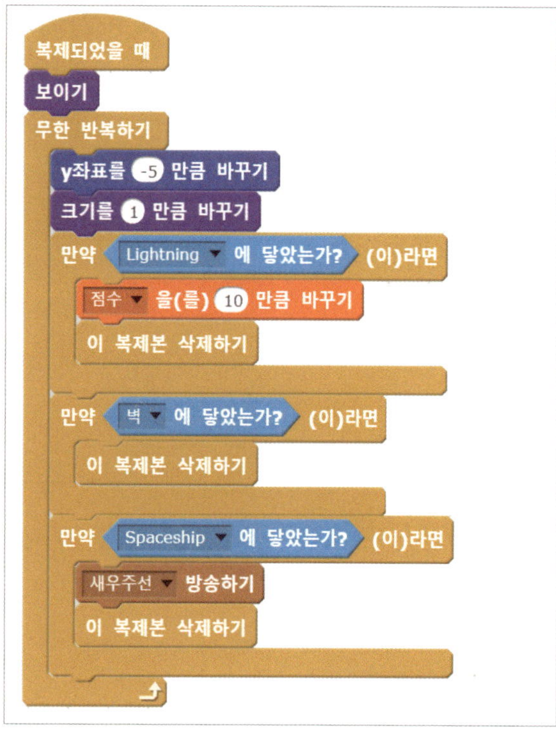

창작하기 우주 환경과 유성을 다양한 모습으로 변화시켜 보세요.

유성의 속도를 다르게 변화시켜 보세요. 게임의 단계가 진행되면 게임의 속도가 빨라지게 변화시켜 보세요.

변수를 이용하여 점수판을 만들어 유성의 개수가 유성이 바닥에 닿으면 점수가 올라가는 코딩을 해보세요.

컴퓨팅 사고력 역량 쑥쑥!!

문항 1

유성이 떨어지는 속도가 가장 빠른 코딩은 어느 것인가요?

① 20번 반복, y 좌표 -20 이미지
② 50번 반복, y 좌표 -20 이미지
③ 20번 반복, y 좌표 -30 이미지

문항 2

난수의 역할에 대한 설명으로 틀린 말은 어는 것인가요?

① 난수는 정해진 값이 아닙니다.
② -200에서 200 사이의 값에서 0은 중간 값입니다.
③ 난수는 어는 수가 나올지 예측할 수 없습니다.
④ 난수는 특정한 값을 의미합니다.
⑤ 게임에서 난수 기능을 이용하면 재미잇는 게임이 됩니다.

CT 역량평가

문제 해결방법을 순서대로 생각할 수 있나요? (알고리즘)	☆ ☆ ☆ ☆ ☆
문제를 해결할 때 반복적인 규칙을 찾아낼 수 있나요? (패턴인식)	☆ ☆ ☆ ☆ ☆
문제해결을 위하여 동시에 일어나는 일을 알아낼 수 있나요? (병렬화)	☆ ☆ ☆ ☆ ☆

활동 2. (언플러그드) 우주선 점령하기

활동 목표 X 좌표와 Y 좌표를 이용하여 스프라이트의 위치를 설정할 수 있다.

생각하나

스크래치의 우주 공간 배경입니다. 아래 우주선의 X 좌표와 Y 좌표가 어떻게 표현되는지 살펴봅시다.

X값 ( ), Y값 ( )

생각두울

아래 우주선의 X 좌표를 난수를 이용하여 코딩해 봅시다.

우주선 좌표 {(-220~200), -130}

코딩 블록 X: ( ), ( ) 의 난수 Y: ( )으로 정하기

놀이 배우기

우주선 점령하기 놀이를 해 봅시다.

1 게임 준비

1. 2 ~ 5명이 게임을 할 수 있습니다.
2. 서로 각자 우주게임판을 가지고 있습니다.
3. 각각 자신의 우주선을 배치합니다.
4. 우주선을 각각 5개씩 또는 10개씩 배치를 합니다.

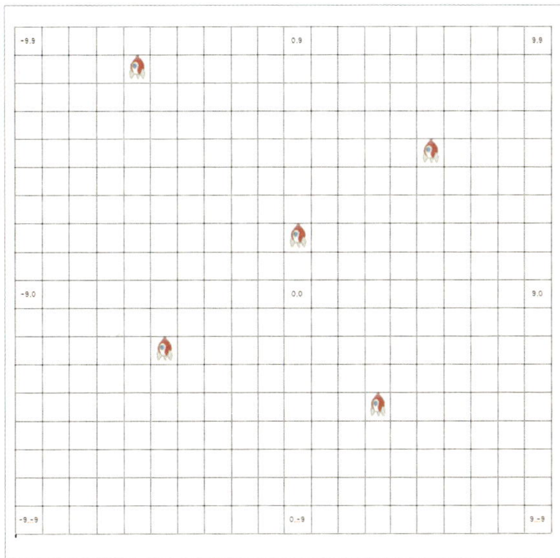

2 게임 규칙(1)

→ 상대편이 나의 우주선의 위치를 맞추면 내 우주선이 폭파됩니다.

→ 상대편의 우주선의 위치를 X 좌표, Y 좌표로 말을 하도록 합니다. 상대방의 우주선의 좌표를 맞추는 게임입니다.

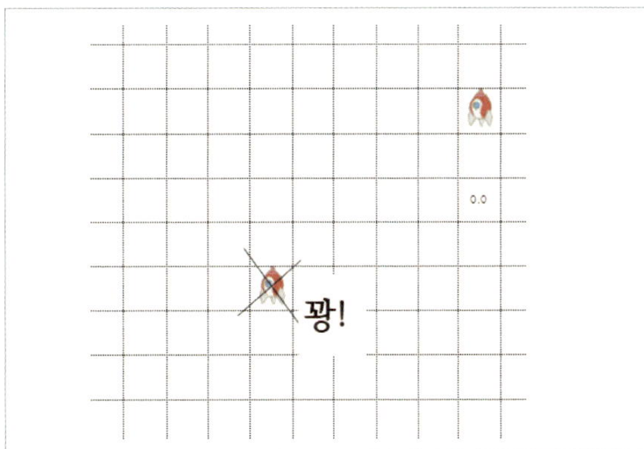

3 게임 규칙(2)

상대편이 나의 위치를 맞추지 못하면 빈 칸에 색칠을 하고 그 부분은 공격을 하지 않습니다.

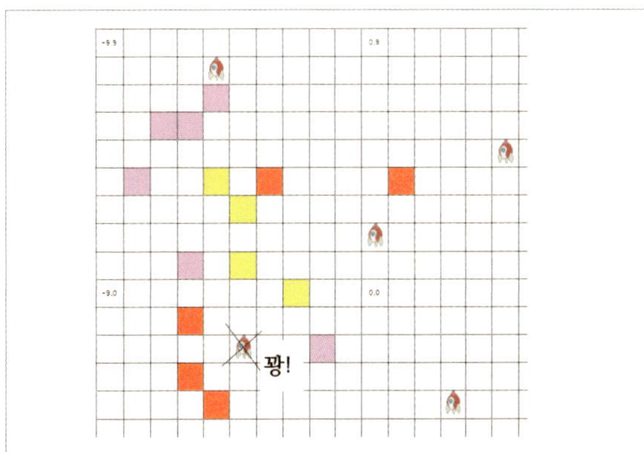

놀이 게임판

-9,9									0,9								9,9
-9,0									0,0								9,0
-9,-9									0,-9								9,-9

좌, 우 움직임은 X 좌표
위, 아래 움직임은 Y 좌표
정 가운데 지점은 0, 0 입니다.
게임 스티커가 없으면 우주선은 ◯으로 표시해도 됩니다. 자신의 게임 색을 지정하고 칸을 색칠해 나갑니다. 상대방 우주선을 가장 많이 찾는 사람이 이기는 경기입니다.

창작하기 X, Y 좌표를 이용한 게임을 만들어 봅시다.

X, Y 좌표를 이용하여 암호를 만들어보세요.

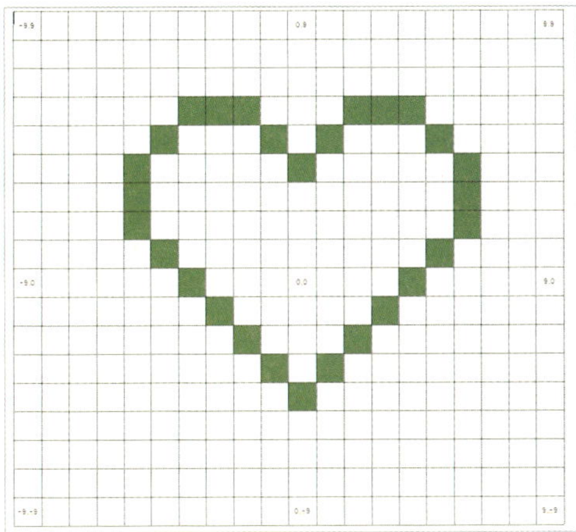

(,)(,)(,)(,)(,)(,)(,)

(,)(,)(,)(,)(,)(,)(,)

(,)(,)(,)(,)(,)(,)(,)

(,)(,)(,)(,)(,)(,)(,)

자신만의 암호 코드를 만들어보고, 친구들과 나누어 보세요.

컴퓨팅 사고력 역량 쑥쑥!!

문항 1

다음 게임의 화면처럼 달리기 게임을 하려면 강아지, 고양이 스프라이트를 X, Y 좌표로 설명한다면 어떻게 움직여야 할까요?

문항 2

x: 0 y: 0 로 이동하기 의 코딩문을 넣었다면 스프라이트는 게임 화면의 어느 위치에 있을까요?

① 맨아래
② 정중앙
③ 맨위쪽 중앙
④ 맨아래쪽 중앙
⑤ 오른쪽 가장자리

CT 역량평가

문제 해결방법을 생각할 수 있나요? (문제이해)	☆ ☆ ☆ ☆ ☆
문제를 해결할 때 반복적인 규칙을 찾아낼 수 있나요? (패턴인식)	☆ ☆ ☆ ☆ ☆
문제해결을 위하여 동시에 일을 할 수 있나요? (병렬화)	☆ ☆ ☆ ☆ ☆

활동 3. 우주 전쟁 게임하기

활동 목표 복제하기 기능을 이용하여 우주 전쟁을 표현할 수 있다.

생각하나

무대 배경에 없다가 실행될 때 나타날 수 있는 표현은 무슨 기능 블록을 이용해야 할까요?

생각두울

계속해서 생성되는 물체를 만들기 위해서는 어떤 기능의 블록을 사용해야 할까요?

코딩 익히기 우주 전쟁 게임을 완성하여 봅시다.

1 여러 배경화면을 만들어요.

시작 화면, 게임 화면, 종료 화면을 만들어보세요.

2 활동 1의 게임을 불러와요.

활동 1의 게임 코딩을 불러오세요.

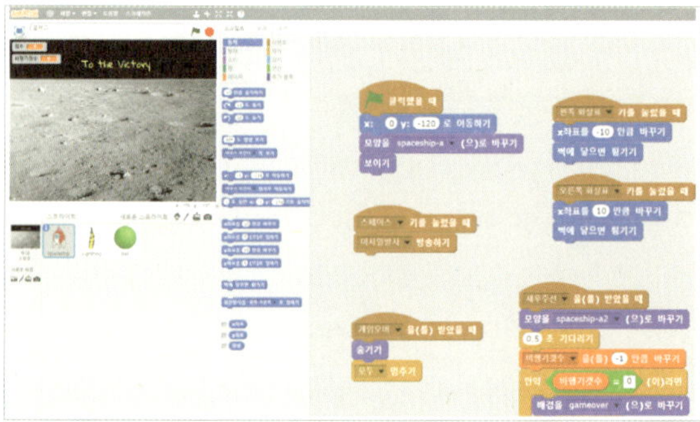

3 비행기에 생명을 줘요.

비행기의 생명을 3개 만들어 3번까지 유성에 부딪히더라도 다시 게임을 할 수 있도록 합니다.

4 게임을 멈춰요.

5 음향 효과를 넣어요.

- 우주선에 부딪쳤을 때 'snap' 소리가 나도록, 유성에 부딪혔을 때는 'pop' 소리가 나도록 합니다.
- 소리 효과음이 길면 게임이 중간에 멈추게 되므로 주의합니다.
- 오른쪽 아래의 코딩처럼 하나의 코딩으로 따로 병행처리하는 것도 하나의 방법입니다.

6 점수 변수를 넣어요.

점수 변수를 넣어서 게임의 흥미도를 올려보세요.

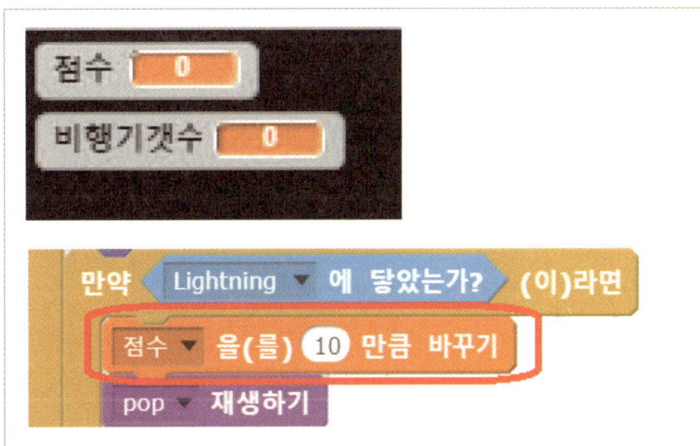

7 비행기 변수를 만들어요.

비행기 변수를 만들어 비행기 개수에 따라 생명이 주어지도록 합니다.

8 게임을 초기화해요.

게임이 시작되었을 때, 비행기 갯수, 점수, 배경을 초기화합니다.

창작하기 우주선 게임에 재미를 추가하여 보세요.

우주선이 앞으로 나아가는 듯한 우주 배경을 만들기 위하여 X 좌표와 Y 좌표를 이용하여 무한 반복 알고리즘을 생각해 봅시다. 우주 배경이 자연스럽게 움직이는 코딩을 해보세요.

우주공간에 점수판을 만들어서 개인적인 점수를 확인할 수 있게 코딩하여 봅시다. 최고 점수를 기록하는 방법을 기술해보세요.

컴퓨팅 사고력 역량 쑥쑥!!

문항 1

유성의 (1부터 3사이의 난수)초 기다리기에 난수를 넣지 않고 일정한 숫자의 초를 기다린다면 어떻게 변하는지 설명해 보세요.

문항 2

우주선이 미사일을 발사하는데 발사하는 것이 앞쪽이 아닌 옆이나 몸체 아래에서 발사하는 모습이 보인다면 어느 코딩 부분을 수정해야 할까요?

CT 역량평가

문항	평가
문제 해결방법을 순서대로 생각할 수 있나요? (알고리즘)	☆ ☆ ☆ ☆ ☆
문제를 해결할 때 반복적인 규칙을 찾아낼 수 있나요? (패턴인식)	☆ ☆ ☆ ☆ ☆
문제해결을 위하여 동시에 일어나는 일을 알아낼 수 있나요? (병렬화)	☆ ☆ ☆ ☆ ☆

5단원

올림픽 코딩 대회

· 변수를 사용한 올림픽 사격 게임을 코딩할 수 있다.
· 스파이 올림픽 카드게임을 통해 정렬 알고리즘을 알 수 있다.
· 정렬을 이용한 올림픽 랭킹쇼를 코딩 할 수 있다.

이번 단원에 배울 컴퓨팅 사고력은?

이번 단원에서 핵심적으로 공부할 컴퓨팅 사고력은 '알고리즘'입니다. 알고리즘이란 문제를 해결하는 방법을 순서대로 이어 놓은 것을 말합니다. 그중에서도 데이터를 정해진 규칙에 따라 순서대로 정렬하는 방법을 컴퓨터가 일 할 수 있는 알고리즘으로 표현해 보려고 합니다. 또한 변수를 활용한 게임을 만들어 정렬에 필요한 변수의 의미를 생각해 보겠습니다.

PREVIEW 올림픽 코딩 대회

활동 ①

올림픽 사격 게임 코딩

변수를 사용하여 점수와 남은 총알 수를 나타내는 사격 게임을 만들어보세요.

활동 ②

스파이 올림픽 카드 게임

최고의 스파이를 뽑고자 스파이들이 실력을 겨루어 순위를 정하는 카드 게임을 하며 정렬 알고리즘을 배워 봐요.

활동 ③

올림픽 랭킹쇼 코딩

정렬을 이용하여 매달 수를 입력하면 나라별 올림픽 순위를 보여주는 프로그램을 코딩해 보세요.

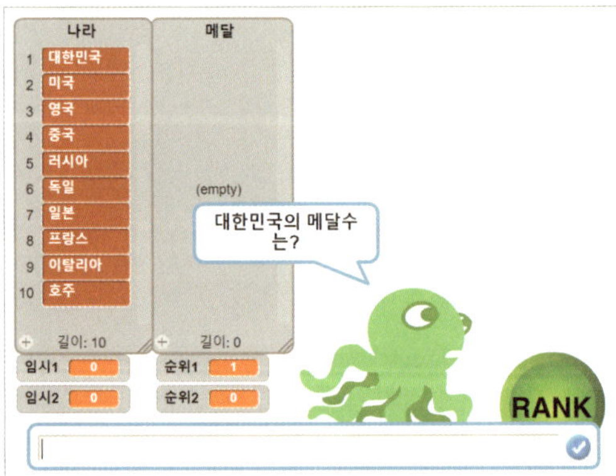

활동 1. 올림픽 사격 게임 코딩

활동 목표 변수를 사용한 올림픽 사격 게임을 코딩할 수 있다.

생각하나

올림픽에서 클레이 사격 경기를 본적이 있나요? 게임으로 만들려면 어떤 요소들이 필요한지 생각해보세요.

생각두울

변수를 사용해서 게임에서 할 수 있는 일이 어떤 것들이 있을지 생각해보세요.

코딩 익히기 올림픽 사격 게임 만들기

1 사격 게임에 필요한 요소를 생각해봐요.

❶ 조준경(화살표)
❷ 총알(폭발)
❸ 표적(풍선)
❹ 남은 총알 숫자
❺ 현재 점수

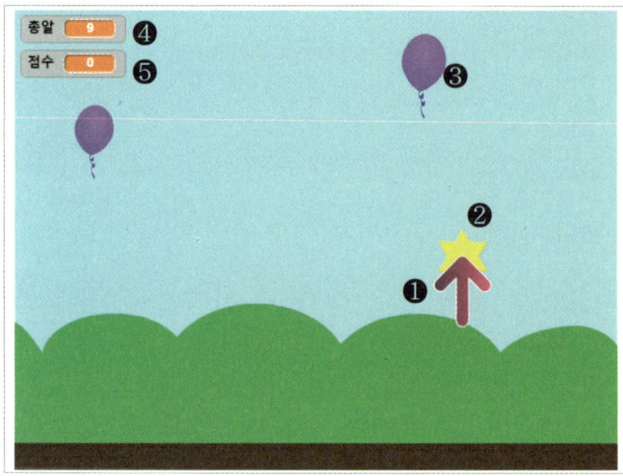

2 게임에 필요한 스프라이트 모양들을 준비해보세요.

→ 저장소에서 필요한 무대 배경과 스프라이트 모양을 골라 스프라이트를 만든 후 스프라이트 좌측 상단에 모양을 클릭하여 이름을 알아보기 쉽게 바꿔주세요.

→ 스프라이트 중 조준 화살표 모양은 화살표 끝에서 총알이 발사될 수 있도록 그림판의 우측 상단에 모양을 눌러 중심을 화살표 꼭지 부분으로 설정해주세요.

3 변수를 만들어보세요.

→ 스크립트 탭-데이터에서 변수 만들기를 눌러 총알과 점수 두 개의 변수를 만들어보세요.

→ 변수를 만들면 자동으로 화면에 변수를 표시하는 창이 나타납니다.

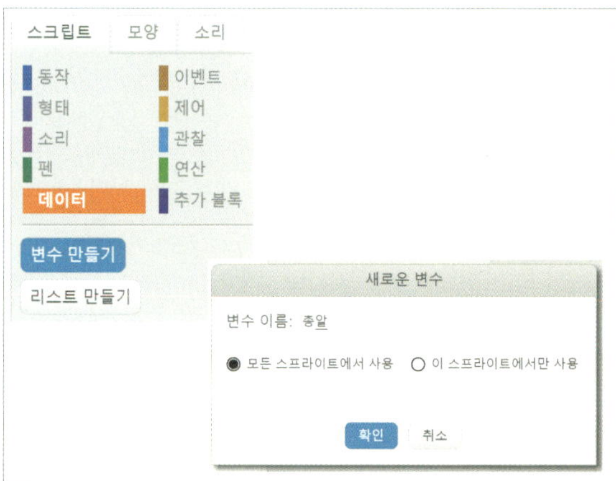

4 초기값을 정하고 조준경이 마우스 포인터를 따라 움직이도록 해주세요.

→ 초기값으로 시작할 때 10발의 총알을 변수에 넣어 놓고 게임오버 시 사라지는 조준경의 모양이 보이도록 설정합니다.

→ 조준 스프라이트가 마우스 포인터를 따라 위치가 이동하도록 스크립트 블록을 만들어주세요.

[조준 스프라이트]

5 총알이 발사되도록 해보세요.

→ 스페이스키를 눌렀을 때 총알 변수에서 하나를 빼고 총알 스프라이트가 나오도록 발사를 방송합니다. 그리고 총알의 효과음을 골라서 재생되도록 하고 총알이 한꺼번에 나가지 않도록 0.5초의 시간을 기다리도록 스크립트를 만들어주세요.

→ 총알 스프라이트에서는 시작할 때 스프라이트 모양을 숨기기 하였다가 발사 신호를 받았을 때 조준 스프라이트 위치에서 나타나서 크기가 점점 줄어들다가 사라지도록 스크립트를 만들어주세요.

[조준 스프라이트]

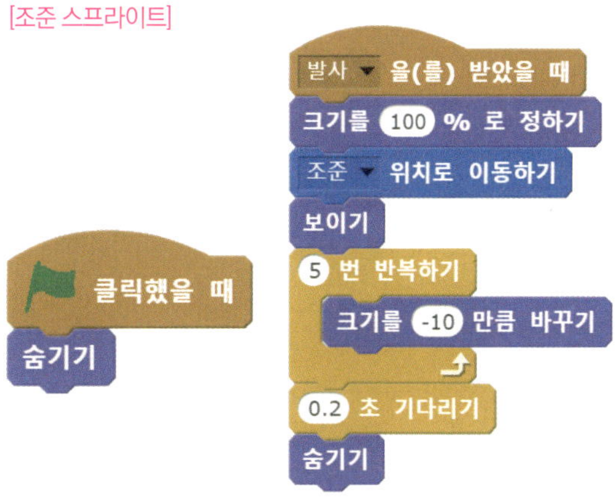

[총알 스프라이트]

6 점수를 초기화하고 풍선을 복제해보세요.

→ 게임을 시작할 때 점수를 0으로 초기값을 정해주세요.

→ 또한 게임을 시작하면 3초마다 풍선 스프라이트를 숨겨서 복제하도록 스크립트를 만들어주세요.

[풍선 스프라이트]

7 복제된 풍선이 나타나도록 해보세요.

→ 위에서 만든 스크립트를 통해 복제 되었을 때 풍선이 나타날 좌표의 범위와 풍선의 크기를 난수를 이용하여 정해주세요. 그리고 숨기기 하였던 풍선이 보이도록 스크립트 블록을 붙여 주세요.

→ 이제 나타난 풍선이 총알에 맞았을 때 점수 변수에 1을 더하고 복제본을 삭제하도록 해주세요.

[풍선 스프라이트]

8 풍선이 시간이 지나면 자동으로 사라지도록 해보세요.

지금까지 만든 풍선 스크립트로 작동을 시키면 풍선이 무한히 계속 복제되기에 총알에 맞지 않은 경우에도 3초 후 복제본이 삭제되도록 스크립트를 만들어 주세요.

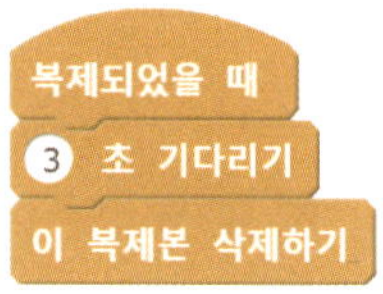

[풍선 스프라이트]

9 게임오버 화면을 만들어보세요.

→ 조준 스프라이트에서 총알을 다 사용할 경우(총알 변수의 수가 1보다 작을 때) 게임오버 신호를 방송하고 조준 스프라이트를 숨기고 모두 멈추기 해주세요.

→ 게임오버 스프라이트에서는 시작할 때 숨기기하고 위치의 초기값을 가운데로 정해주세요.

→ 게임오버 신호를 받았을 때는 보이도록 해주세요. 이제 게임이 완성 되었습니다. 게임을 해보며 잘 작동하는지 확인해 보세요.

[조준 스프라이트]

[게임오버 스프라이트]

창작하기

올림픽 사격 게임 규칙 바꾸기

스크립트와 스프라이트 모양을 바꾸어 풍선을 클레이 원반으로 바꾸려고 합니다. 클레이 원반이 오른쪽에서 왼쪽으로 날아가도록 만들려면 스크립트를 어떻게 코딩해야 할까요?

시간을 변수로 넣어서 게임에 시간제한을 넣으려면 어떻게 스크립트를 코딩해야 할까요?

컴퓨팅 사고력 역량 쑥쑥!!

문항 1

다음 스크립트 블록들 중에서 변수와 관련된 블록을 골라보세요

문항 2

사격게임에서 풍선 스프라이트의 복제 스크립트를 왼쪽의 스크립트를 만들지 않으면 어떤 문제가 생길까요?

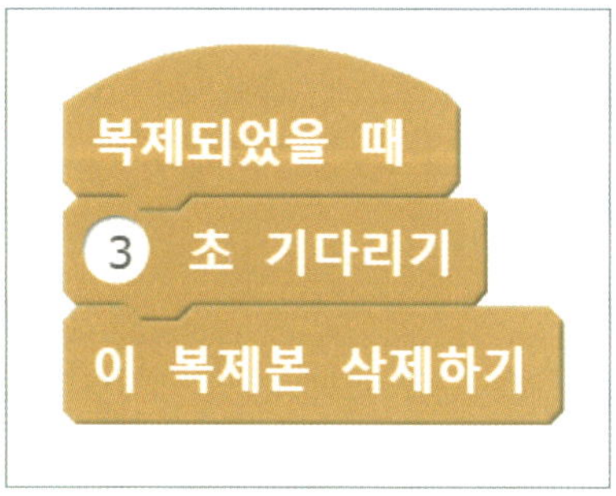

① 풍선이 복제가 되지 않는다.
② 풍선이 순식간에 연속하여 복제가 된다.
③ 풍선이 총알에 맞았을 때 사라지지 않는다.
④ 총알에 맞지 않은 풍선이 계속 남은채로 계속 복제되어 풍선이 너무 많아진다.
⑤ 풍선이 총알에 맞지 않는다.

CT 역량평가

게임에 필요한 각 요소를 나누어 생각할 수 있나요? (문제분해)	☆ ☆ ☆ ☆ ☆
스크립트의 블록을 순서대로 연결 하였나요?(알고리즘)	☆ ☆ ☆ ☆ ☆
만들어지는 게임이 어떻게 움직일지 생각할 수 있나요? (시뮬레이션)	☆ ☆ ☆ ☆ ☆

활동 2. 스파이 올림픽 카드 게임

활동 목표 스파이 올림픽 카드 게임을 통해 정렬 알고리즘을 알 수 있다.

생각하나

윈도우 파일 탐색기에서 파일들을 정렬할 수 있는 규칙이 어떤 것들이 있는 살펴보세요.
예) 파일 이름

생각두울

데이터를 순서대로 정렬하면 어떤 점이 좋을지 생각해보세요.

놀이 배우기

스파이 올림픽 게임으로 정렬 알고리즘 알아보기

1 게임에 필요한 준비를 해보세요.

→ 비밀리에 임무를 수행하는 스파이들도 누가 최고의 스파이인지 가리기 위해 스파이 올림픽을 개최하기로 합니다.

→ 게임을 위해 올림픽 주최자와 심판 역할을 할 사람 그리고 8장의 스파이 카드가 필요합니다.

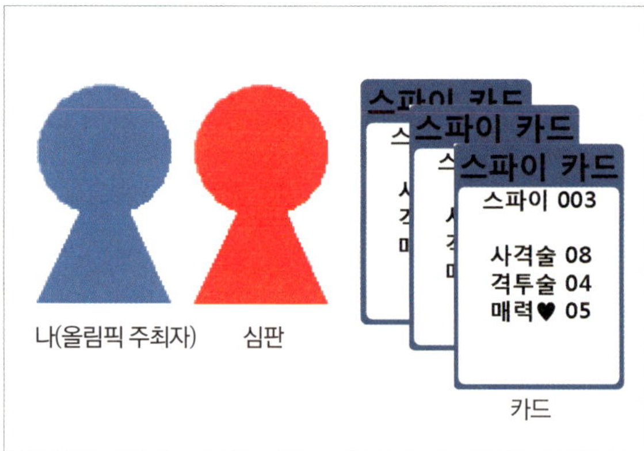

2 카드를 뒤집어 섞어 주세요.

카드 앞면에는 스파이 카드의 능력치가 있습니다. 이것이 보이지 않도록 카드를 모두 뒤집어 잘 섞어 주세요.

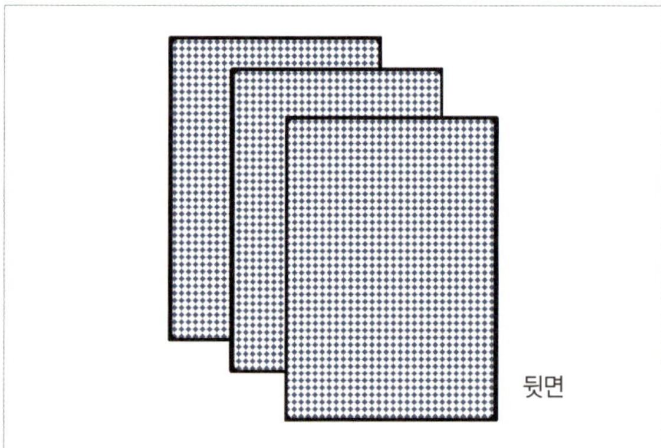

3 두 장에 카드로 누가 이기는지 승부를 내봐요.

스파이 카드에는 세 가지 능력치(사격/격투/매력)가 있습니다. 어떤 능력으로 종목을 할지 정하여 뒤집어진 카드에서 두 장을 뽑아 심판에게 건네줍니다.

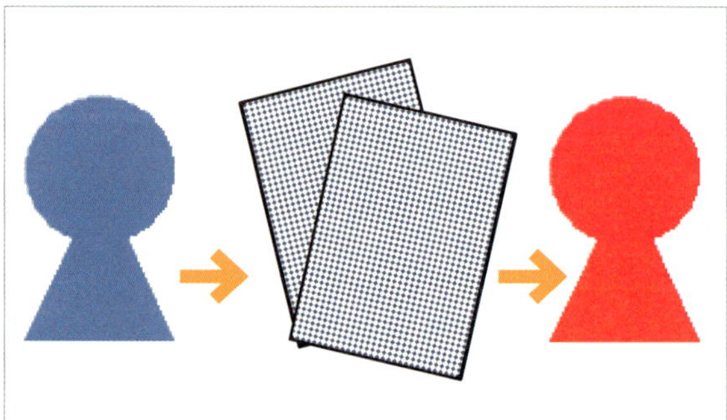

4 두 카드 중 우승자를 정해주세요.

- 스파이들은 사람들에게 정체가 알려지면 안 되기에 심판만 카드 앞면을 확인합니다.
- 심판은 두 장의 카드를 확인하여 종목으로 정한 능력치를 보고 둘 중 우승자를 정해주세요.
- 진 카드는 빼놓고 다른 카드를 앞서 이긴 카드와 비교하여 다시 심판이 승패를 결정해주세요.
- 그래서 가장 능력치가 높은 카드를 제일 앞 순서에 놔두고 다시 나머지 카드들로 경기를 반복하여 능력치가 높은 카드 순서대로 나열해주세요.

5 카드가 순서대로 정렬되었는지 확인해주세요.

- 카드가 남은 카드 없이 모두 나열되면 주최자는 전부 뒤집어 능력치를 순서대로 나열되었는지 확인해주세요.
- 종목을 바꿔가며 친구와 게임을 해보세요.

창작하기

스파이 올림픽 카드게임 더 빨리 정렬해보기

앞의 놀이 방법에서 배운 정렬 방법은 선택 정렬이라고 합니다. 카드 중 어떤 하나를 정해서 기준으로 삼고 그보다 큰 수의 모임과 작은 수의 모임을 정하여 큰 수의 모임 따로 작은 수의 모임 따로 정렬하면 더 적은 작업 횟수로 정렬이 가능합니다. 이런 정렬 방법을 퀵 정렬이라고 하는데 퀵 정렬을 통해 게임을 해보세요.

컴퓨팅 사고력 역량 쑥쑥!!

문항 1

8장의 카드를 선택 정렬로 비교하여 순서대로 정렬하면 모두 몇 번의 경기를 해야 할까요?

(　　　　)번

문항 2

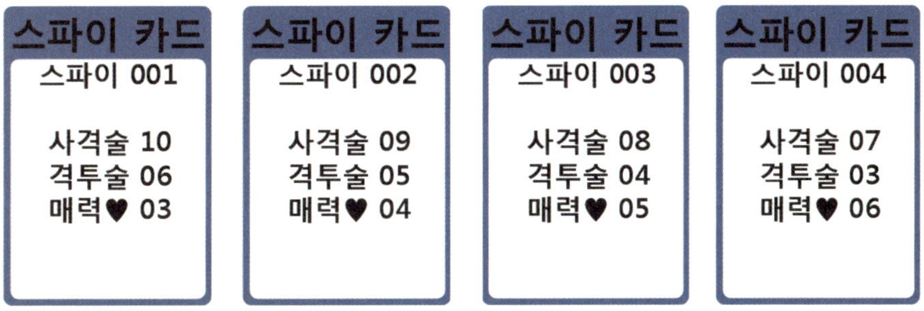

위와 같이 카드를 순서대로 나열하는 것은 스크래치의 어떤 기능과 비슷할까요?

① 변수
② 리스트
③ 연산
④ 제어
⑤ 동작

CT 역량평가

숫자가 순서대로 정렬되는 원리를 알 수 있나요? (알고리즘)	☆ ☆ ☆ ☆ ☆
순서대로 정렬되는 방법의 규칙을 발견 할 수 있나요? (규칙발견)	☆ ☆ ☆ ☆ ☆
다른 조건의 정렬을 생각해 볼 수 있나요? (시뮬레이션)	☆ ☆ ☆ ☆ ☆

활동 3. 올림픽 랭킹쇼 코딩

활동 목표 정렬을 이용한 올림픽 랭킹쇼를 코딩할 수 있다.

생각하나

앞서 배운 정렬 알고리즘을 떠올려보세요.

생각두울

정렬 알고리즘을 사용할 때 변수와 리스트 기능을 어떻게 사용해야 할 지 생각해보세요.

코딩 익히기 정렬을 이용한 올림픽 랭킹쇼 만들기

1 올림픽 랭킹쇼에 필요한 요소를 생각해봐요.

❶ 랭킹 정해주는 문어
❷ 나라 리스트
❸ 메달 리스트
❹ 메달/나라를 임시 저장할 변수 2개
❺ 비교한 순위를 임시 저장할 변수 2개
❻ 랭킹 정렬 버튼

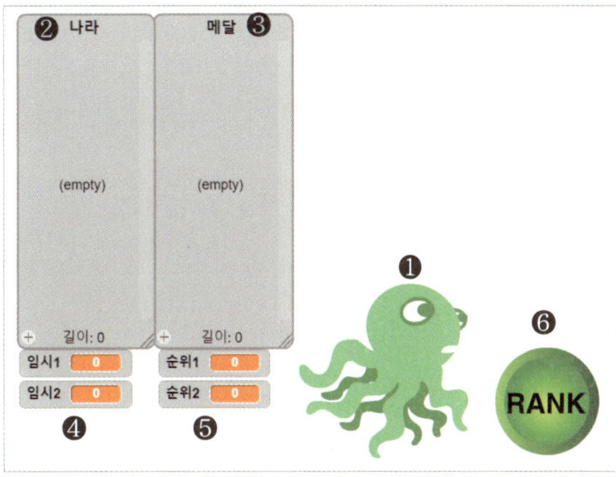

2 랭킹쇼에 필요한 스프라이트를 만들어요.

→ 저장소에서 문어 그림을 골라 스프라이트 모양을 만들어주세요.
→ 버튼은 저장소에서 버튼 모양을 고른 후 그림판에서 RANK라고 글씨를 넣어주면 좋아요.

3 리스트와 변수를 만들어요.

→ 나라와 메달 리스트를 만들어 주세요.
→ 두 개의 데이터를 비교하기 위해 임시로 데이터를 옮겨놓을 두 개의 임시 변수(임시1, 임시2)와 순위를 비교하기 위한 두 개의 순위 변수(순위1, 순위2)를 만들어주세요.

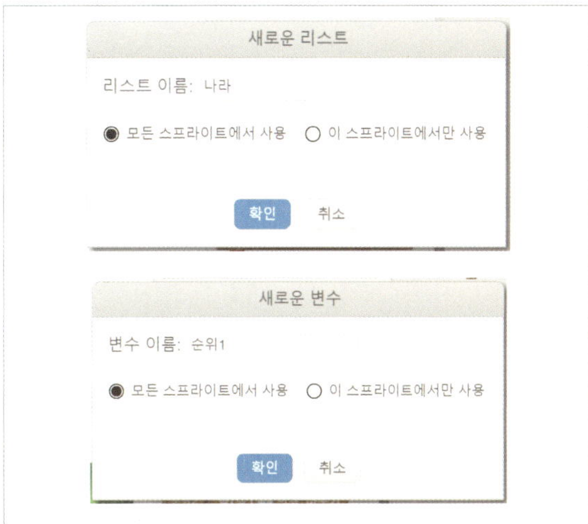

4 만들어진 변수와 리스트를 확인해요.

→ 스크립트 탭-데이터에서 만들어진 변수와 리스트 목록을 확인합니다. 목록 옆에 체크박스를 해제하면 화면에서 창이 보이지 않습니다.

→ 화면에 보이는 변수와 리스트 창을 보기 좋게 위치를 잡아주세요.

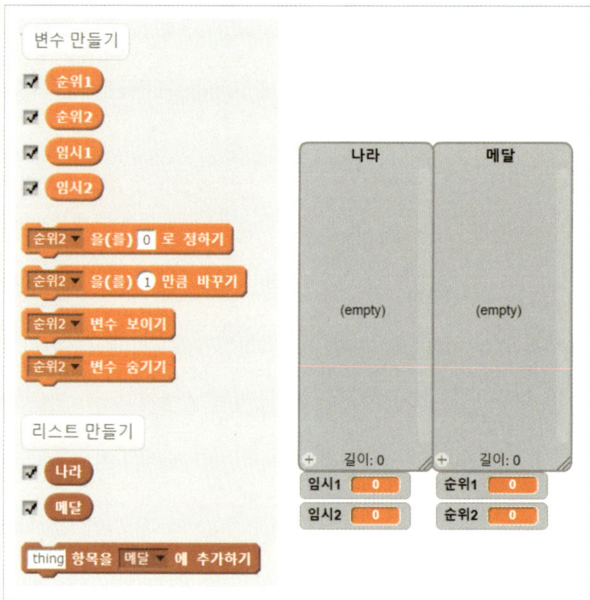

5 랭킹을 정할 나라들을 목록에 추가해주세요.

→ 나라와 메달에 있는 항목의 초기값을 시작 시 모두 삭제하고 랭킹을 정할 나라 목록을 하나씩 나라 리스트에 추가해주세요.

예) 대한민국, 미국, 영국, 중국 등

→ 총 10개의 나라를 추가합니다.

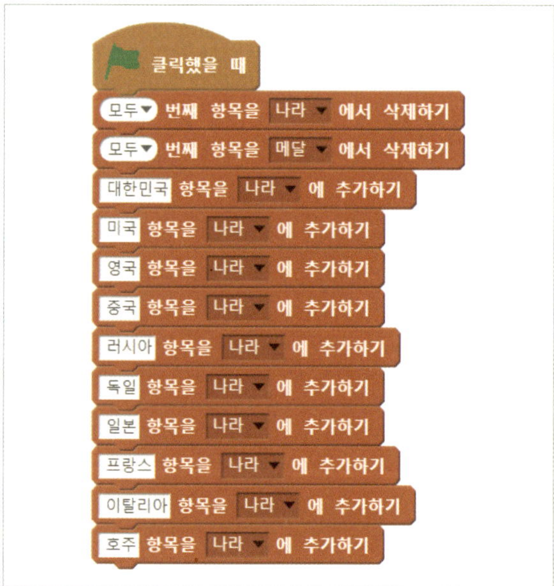

[문어 스프트라이트]

6 각 나라 별 메달 수를 물어보세요.

- 리스트에 추가한 나라들이 획득한 메달 수를 각각 묻고 대답을 받아 메달 리스트에 추가하도록 만들어주세요.
- 「순위1」 변수가 메달을 묻는 나라의 순위를 나타내며 1번부터 정하여 묻고 그 다음 순위로 넘어가도록 만드세요.
- 나라 리스트에 있는 항목 수 만큼 질문을 반복합니다. 문어가 메달 수를 물어보는 말은 결합하기로 만듭니다.
- 「현재 묻고 있는 나라 이름」 + "의 메달수는?" 이라고 질문합니다.

[문어 스프라이트]

7 순위를 정렬해주는 랭크 버튼을 만들어주세요.

랭크 버튼 스프라이트를 누르면 순위를 정할 문어 스프라이트로 메시지를 방송합니다.

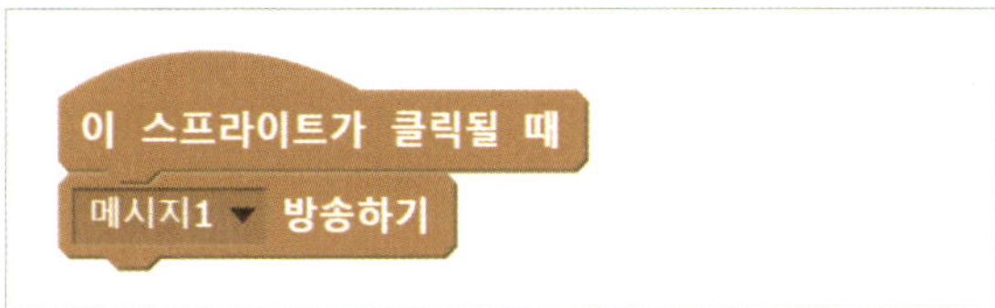

[버튼 스프라이트]

8 메달 수에 따라 나라별 순위를 정해주세요.

- 버튼으로부터 메시지 신호를 받으면 앞서 배운 정렬 알고리즘에 따라 두 개의 변수에 각각의 메달 수를 넣고 비교합니다.
- 메달 수가 많은 나라의 순위를 위로 올리고 적은 수의 나라를 나라로 내리는 작업을 반복하여 가장 메달이 많은 나라부터 적은 나라까지 순서를 정렬하도록 만들어 주세요.
- 4개의 변수와 3개의 리스트를 사용하기 서로 바뀌지 않도록 주의해 주세요. 잘못 바뀌면 순위 정하기가 작동하지 않습니다.

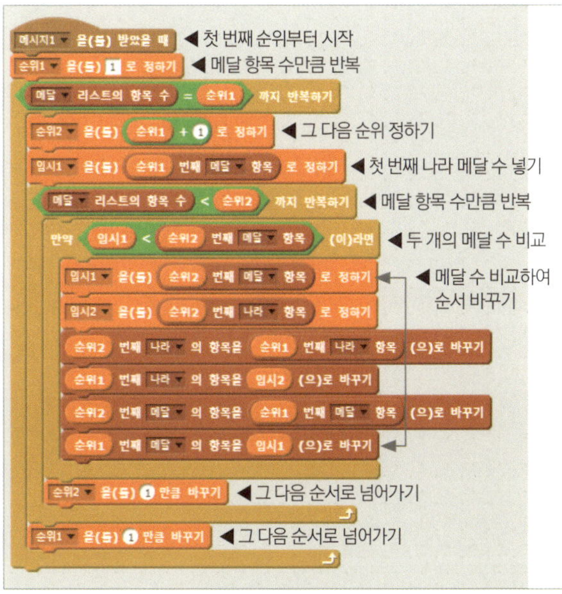

[문어 스프라이트]

9 잘 만들어 졌는지 확인해주세요.

- 문어가 메달 수를 잘 묻는지와 랭크 버튼을 눌러 순위가 정상적으로 정해지는지 확인해보세요.
- 만일 잘 작동하지 않는다면 꼼꼼히 스크립트 블록을 다시 살펴 잘못된 부분을 찾아보세요.
- 확인하고 어디가 잘못 되었는지 찾아 수정하는 것도 코딩에 중요한 작업입니다.

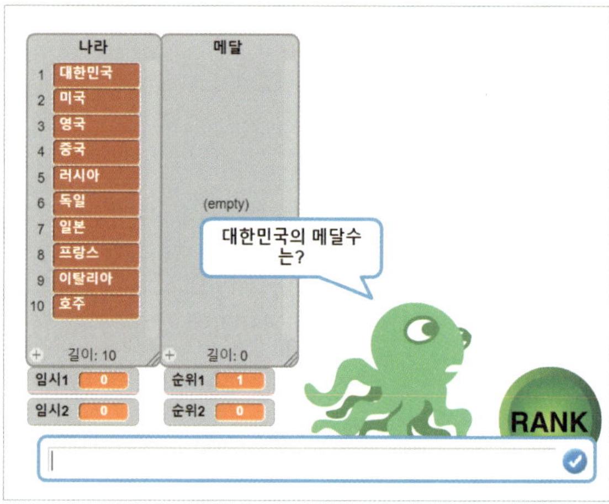

창작하기

아무거나 랭킹쇼 만들기

친구들의 다양한 기록들로 랭킹쇼를 만들어보세요.
예) 키, 달리기 기록

새로 만든 랭킹 쇼에서 특정 순위를 멋지게 보여줄 방법을 만들어보세요.
예) 1등은 문어가 축하 인사하기 등

컴퓨팅 사고력 역량 쑥쑥!!

문항 1

아래 그림의 스크립트 블록에서 질문을 만드는 블록은 어느 것일까요?

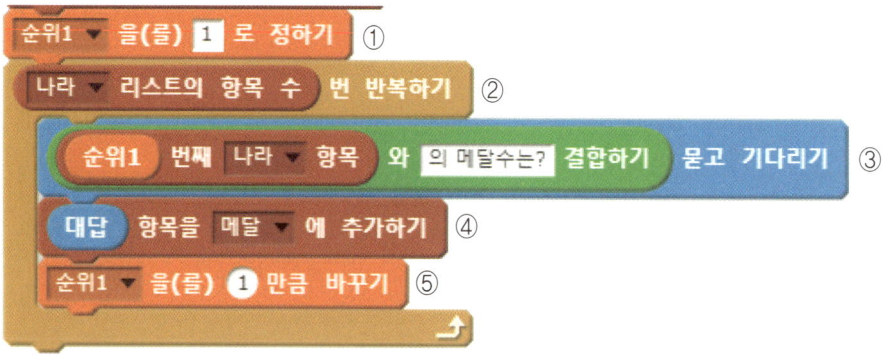

문항 2

그림의 스크립트 블록에서 메달의 수를 비교하는 블록은 어느 것일까요?

CT 역량평가

비교하여 순서를 정하는 과정을 간단하게 생각할 수 있나요? (추상화)	☆ ☆ ☆ ☆ ☆
순서를 정하여 정렬하는 과정의 방법을 알 수 있나요?(알고리즘)	☆ ☆ ☆ ☆ ☆
정상 작동하지 않을 때 해결 방법을 찾을 수 있나요? (문제해결)	☆ ☆ ☆ ☆ ☆

부록

1 단원

업다운 게임 Up Down

규칙

❶ 1:1 또는 1:다수로 편을 만든다.
❷ 문제를 내는 사람은 메모지에 특정한 숫자를 적는다.
❸ 맞추는 사람은 추측으로 숫자를 말하고 문제를 낸 사람은 그 숫자보다 크면 다운, 작으면 업을 외친다.
❹ 가장 빨리 맞추는 사람이 승리한다.

문제내기	맞추기 (틀릴 때마다 ○를 지워주세요)
	○ ○
	○ ○
	○ ○
	○ ○

2 단원

꼬리잡기 게임

규칙

❶ 시작점 중에 한 곳에 자신의 말을 두기
❷ 1칸 이동하기 명령어는 5회만 사용하기
❸ 1회 반복하기 명령어는 1회만 사용하기
❹ 90도 회전하기 명령어는 1회만 사용하기

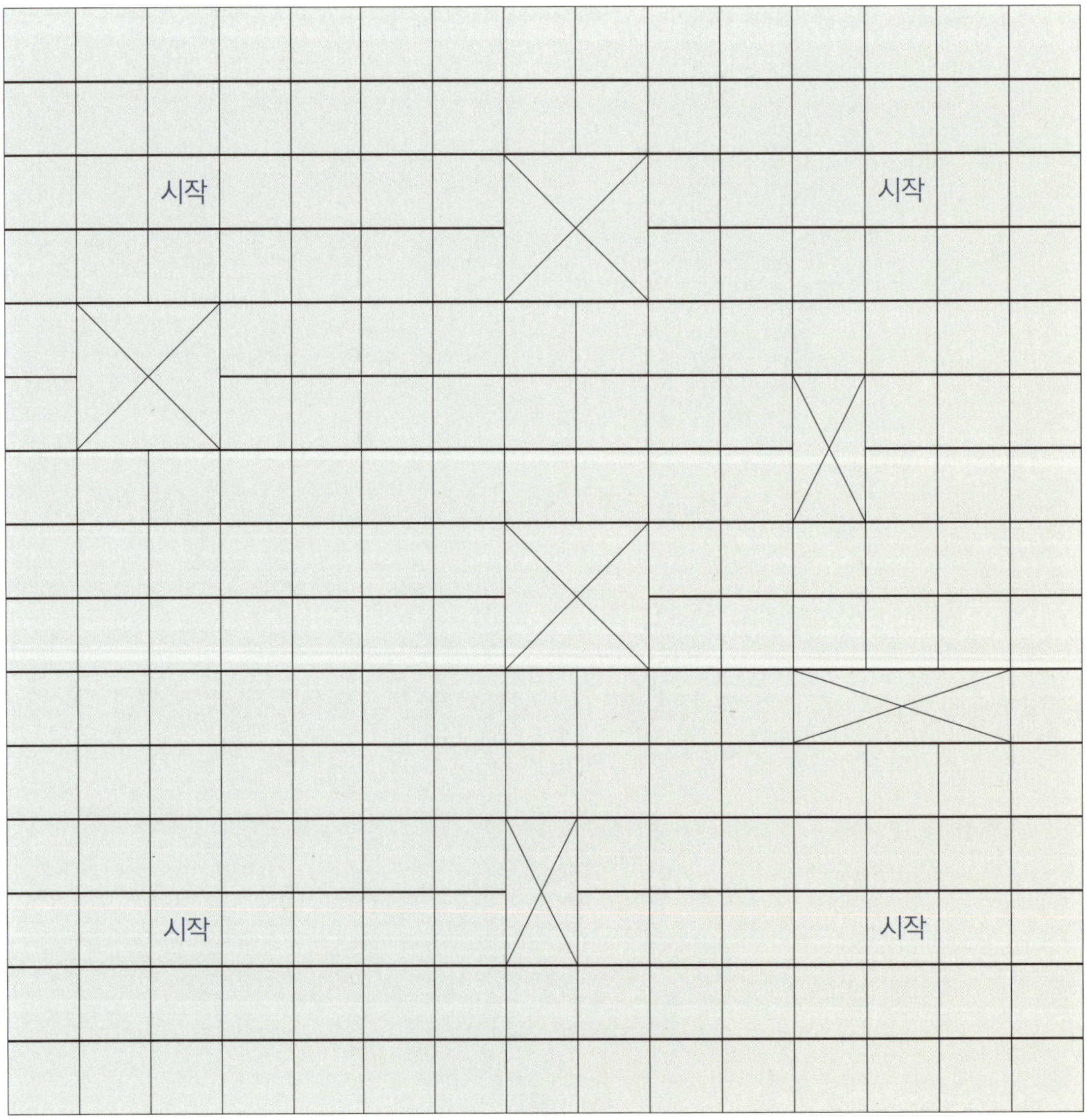

4 단원

우주선 점령하기  

규칙

❶ 2 ~ 5명이 게임을 할 수 있습니다
❷ 서로 각자 우주 게임판을 가지고 있습니다.
❸ 각각 자신의 우주선을 배치합니다.
❹ 우주선을 각각 5개씩 또는 10개씩 배치를 합니다.
❺ 상대편이 나의 우주선의 위치를 맞추면 내 우주선이 폭파됩니다.
❻ 상대편의 우주선의 위치를 X좌표, Y좌표로 말을 하도록 합니다.
❼ 상대편이 나의 위치를 맞추지 못하면 빈 칸에 색칠을 하고 그 부분은 공격을 하지 않습니다.

-9,9									0,9								9,9
-9,0									0,0								9,0
-9,-9									0,-9								9,-9

-9,9
0,9
9,9
-9,0
0,0
9,0
-9,-9
0,-9
9,-9

5단원

스파이 올림픽 카드게임

규칙

❶ 올림픽 주최자는 카드의 내용을 보지 못하게 모두 뒤집어서 잘 섞습니다.
❷ 사격/격투/매력 중 종목을 정하여 카드의 숫자가 큰 순서대로 순위를 정하여 정렬합니다.
❸ 처음 두 장 의 카드를 골라서 심판에게 주면 승패를 정하고 진 카드는 빼놓고 이긴 카드를 다른 카드와 다시 승패를 정하는 경기를 반복하여 가장 높은 수의 카드를 찾습니다.
❹ 높은 수를 가진 카드부터 순서대로 정렬하여 다 되면 모두 뒤집어서 순서대로 맞는지 확인해주세요.

스파이카드	
스파이 001	
사격술	10
격투술	06
매력♥	03

스파이카드	
스파이 002	
사격술	09
격투술	05
매력♥	04

스파이카드	
스파이 003	
사격술	08
격투술	04
매력♥	05

스파이카드	
스파이 004	
사격술	07
격투술	03
매력♥	06

스파이카드	
스파이 005	
사격술	06
격투술	10
매력♥	07

스파이카드	
스파이 006	
사격술	05
격투술	09
매력♥	08

스파이카드	
스파이 007	
사격술	04
격투술	08
매력♥	09

스파이카드	
스파이 008	
사격술	03
격투술	07
매력♥	10